ゼロから学びなおす

知らないことだらけの

日本地理

著 地理おた部
（高校地理お助け部）

WAVE出版

あー地理の補講めんどクサイなぁ
気候とか地形とか私の生活に全然関係ないのに……
聖フォッサマグナ学院
2年　北川アサヒ
せいぜい自分が住んでる地域のことくらいでよくない？
むー。。。
将来に役立つ展望がみえない……
――なんて考えてたら教室に着いちゃったな
ガラガラ

あ
聖フォッサマグナ学院
2年　西谷エマ
エマも補講かー!!
そうなのこんな点とっちゃって！
ピラ
うわぁ……
ちょっとガチでひかないで傷つくんだけど！

聖フォッサマグナ学院
2年　東山イチカ
さっきから
うるさいわよ
バカが
うつるから
離れてて
ちょうだい
…………
同じ穴の
ムジナだろ……
という目
ちょっと今
失礼なこと
考えてません？
私は……!!

だいたい
自分の住んでいる
国のことなのに
日本地理の
テストで
赤点なんて
恥ずかしくないの?
で、でも…
ここにいるってことは
地理の点数
悪かったんでしょ?
私は
自主的に
補講に来たの!
それに
テストは
72点
だったの!
ドヤッ
自慢するほどでもない
ビミョーな点数だな
……という目
また
その顔を……ッ
今すぐ
やめなさい!
ガラララ…

はいはい
席に
着きましょうね～
始めますよ～
地理担当
南沢サツキ
せんせー
地理なんて
勉強する意味
あるの？
47都道府県が
わかれば
十分ですよね？
小学生か!!!
まぁ
確かに
地理の用語を
たくさん
知っててもねぇ……
ラグーン
メルカトル
フィヨルド
怪獣の名前みたい
そう思われがち
ですよね
あ～……

でも地理って意外と面白いのよ
琵琶湖は三重県から引っ越してきた⁉
日本に砂漠がある？
世界で一番雪が降るのは日本なの？
ガタ
ガタ

地熱発電が
日本で普及しないのは
なぜ？
寿司の
ルーツは
意外な場所
だった!?
へぇー
全然
知らなかった
面白い……
知らない
日本を
見てみましょう！

はじめに

はじめまして。高校地理お助け部（地理おた部）と申します。

私たちは、普段ＳＮＳを使った地理情報の発信や、地理教材の研究・開発を行っています。

「〝お助け部〟って何？」と疑問に思った人もいるでしょうが、このネーミングには私たちの教材が地理の先生たちの授業の「助け」になれば……という願いが込められています。


現代はグローバル化が進み、誰でも気軽に海外に行けるだけでなく、外国に住んでいる人と簡単につながれる時代になりました。私自身も今、高校で地理を教えていますが、留学生が増えたり、海外の人たちと交流する授業が増えたりと、時代の変化を肌で感じています。

このような環境で生活をしていると、予想外の質問をされて戸惑うことがあります。

あるとき、留学生のひとりが私にこんなことを尋ねてきました。

「日本人は、なぜ富士山が好きなんですか？」

私はその問いにすぐ答えることができませんでした。考えてみれば、私たちは日本という国に住んでいながら、日本のことをよく知りません。私も留学生にされた質問から、日本についてうまく説明できないことが意外とたくさんあるのだということに気づかされました。

ところで「日本のことを知る」というと歴史にばかり目が行きがちですが、その歴史の基盤に地理が関係していることがよくあります。

たとえば「急がば回れ」ということわざを聞いたことがあるでしょう。このことわざが生まれた背景には、「琵琶湖《びわこ》」が関係しているのです。室町時代の連歌師・宗長《そうちょう》が詠《よ》んだ和歌に、次のようなものがあります。

もののふの矢橋《やばせ》の船は速けれど急がば回れ瀬田《せた》の長橋

かつて江戸と京（京都）を結んだ五街道のひとつ、東海道の道中には琵琶湖がありました。早く目的地に着くには湖を船で渡る方が近道なのですが、強風にあおられて船が進まなかったり、ときには転覆したりすることもあり、とても危険だったと言います。

そこで、遠回りにはなるけれど、琵琶湖の南端にある「瀬田の長橋」を渡った方が確実に着けるよ、という意味を込めて詠まれたのがこの和歌だったのです。

こんなふうに地理を学ぶと、自然だけでなく文化についても知ることができます。

知ることによって視野が広がりますし、その場所について関心を持つようになります。

私も勉強していくうちに、どんどん富士山について興味を持つようになりました。


この本では、みなさんが「知らなかった……」「ずっと誤解していた!」「えっ、そんなことになっていたの!?」と驚くような知識を集めました。また「カルデラ」や「リアス海岸」など、学校では習ったけれど意味はよくわからないという用語についてもわかりやすく解説しています。

「地理」は今でこそ高校の必修科目になっていますが、読者のみなさんのなかには「選択」などの関係できちんと学ばなかったという人もいるでしょう。そうした人たちにも理解できるよう、わかりやすく解説することを心がけました。活字で理解しづらい部分は、イラストやマンガで説明していますから、直感的に内容をつかむことができるはずです。


私がみなさんにお伝えしたいことは、ただひとつ。

まずは日本のことを知り、日本を好きになってほしい。それがこの本を執筆した動機です。

本書を通して、学ぶことの楽しさを少しでも感じてもらえたら幸いです。

それでは、知らないことだらけの日本地理、どうぞお楽しみください。

目次

ゼロから学びなおす

知らないことだらけの

日本地理

第1章　日本列島の誕生

マンガ

第2章 地形の成り立ち

第3章 気候と災害

第4章 資源・産業・エネルギー

マンガ

第5章 食べ物から見た日本

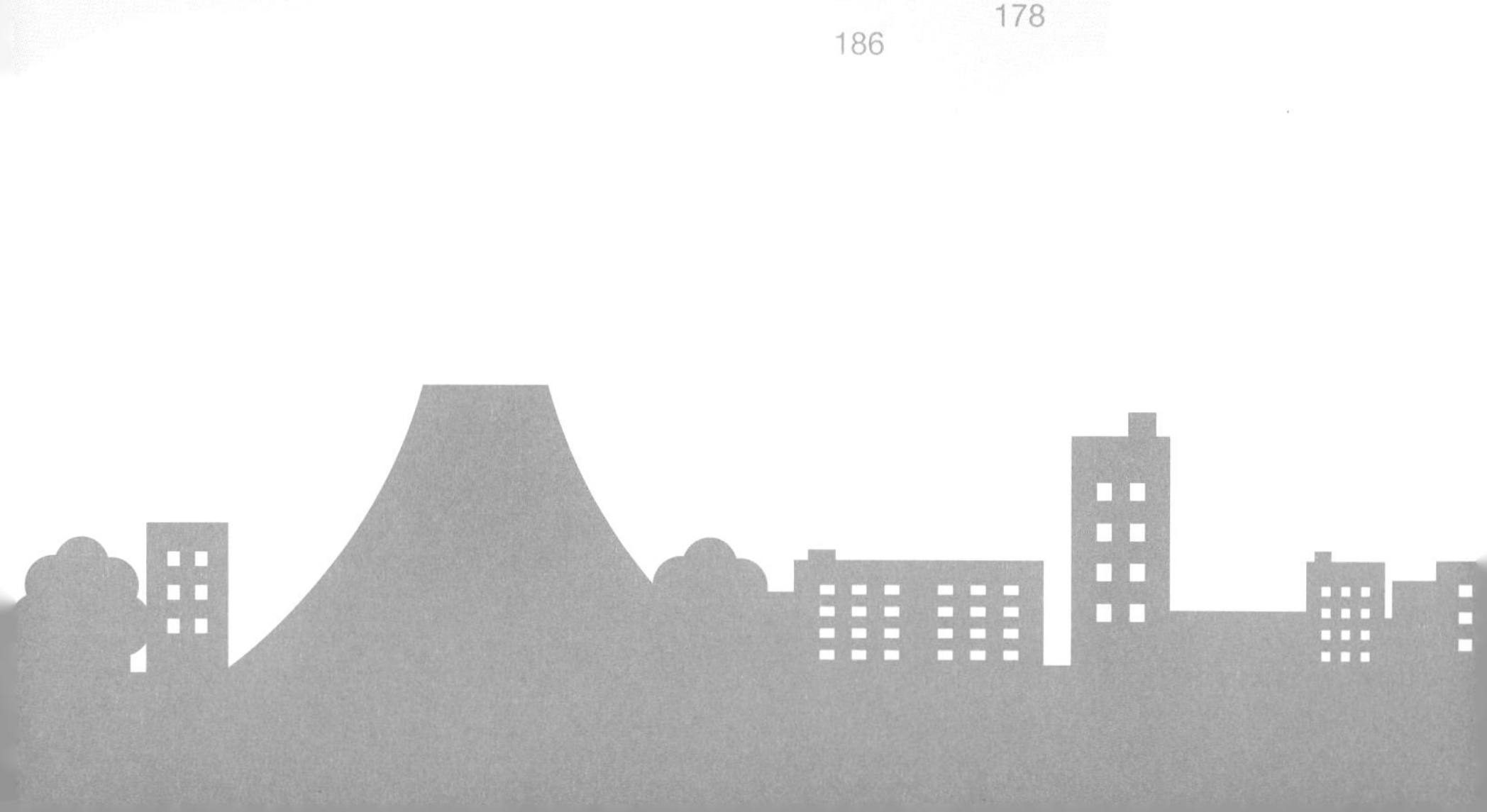

装丁・本文デザイン　bookwall
本文図版・DTP　株式会社ウエイド
イラスト・漫画　ちまちり（地理おた部）

※本書に記載されている内容はとくに断りのない限り2023年6月現在のものです。

第1章

日本列島の誕生

日本列島はどのようにして誕生したの？

ユーラシア大陸の東端に浮かぶ日本列島。北海道、本州、四国、九州という大きな4つの島と、沖縄本島から構成されているのが、現在、私たちが知る日本列島の姿です。

では、日本列島はいつから今の姿になったのでしょうか。

日本列島はもともとユーラシア大陸の一部だった、あるいはひとつの島だったと考えている人もいますが、そうではありません。太古の昔にタイムスリップして、その成り立ちを見てみましょう。

日本列島の過去の姿を知るには、3億年前までさかのぼる必要があります。3億年前と言えば、古生代の終わりくらい。地球上では昆虫が増殖し、爬虫類《はちゅうるい》が出現した時期です。

この頃、現在のユーラシア大陸の東端に日本列島の一部（現在の北陸や山陰地方の一部、飛騨地方付近など）が生まれました。これは大陸から運ばれた土砂が堆積《たいせき》したものです。

次にできたのは、現在の中国地方や北九州、新潟県の上越地方の部分。これは、先ほどの大陸から運ばれた土砂ではなく、**付加体**《ふかたい》と呼ばれるものでした。

「付加体」がつくられるしくみ

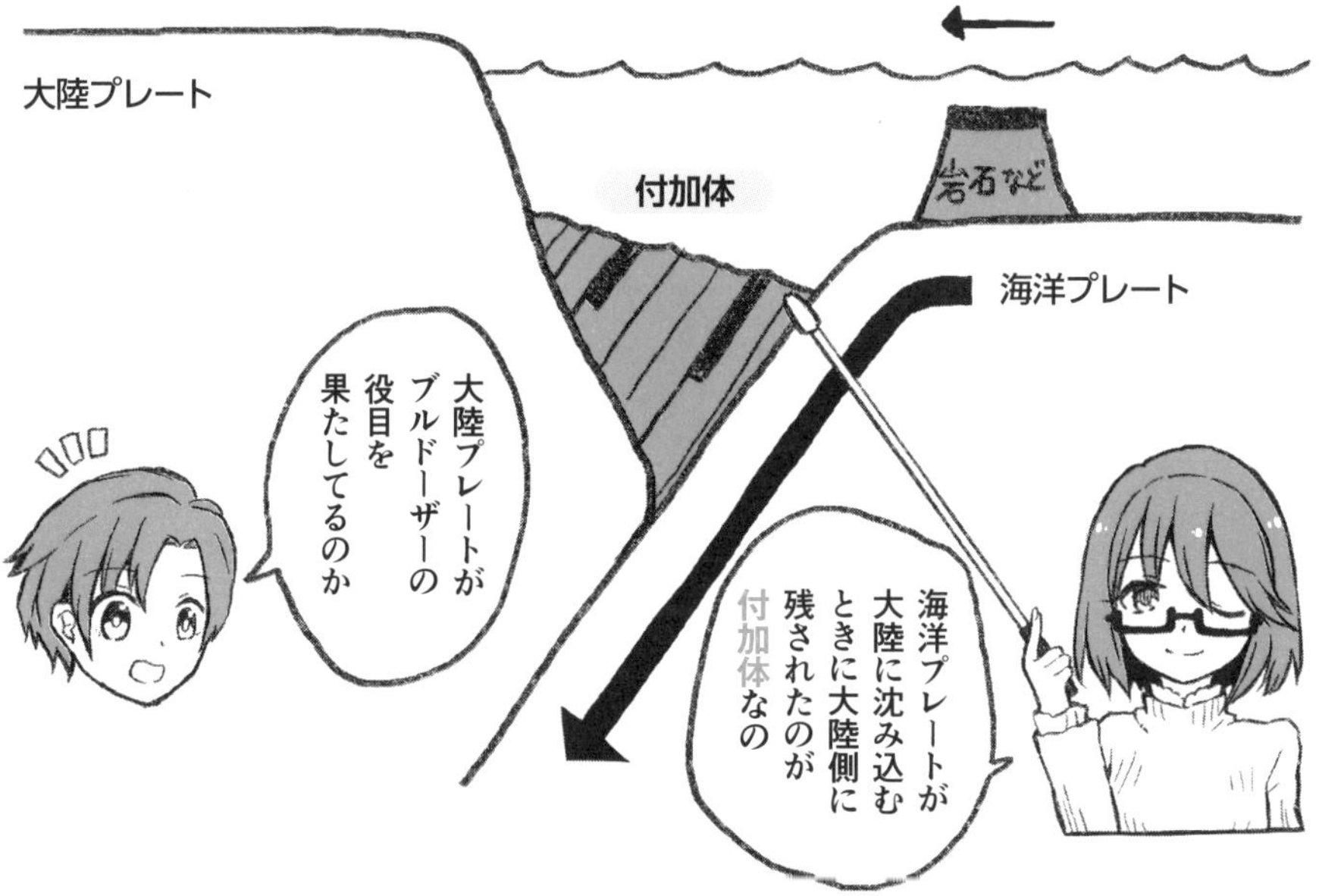
大陸プレート
付加体
岩石など
海洋プレート
大陸プレートがブルドーザーの役目を果たしてるのか
海洋プレートが大陸に沈み込むときに大陸側に残されたのが付加体なの

付加体を理解するために、まず「プレート」について説明しておきましょう。

プレートとは、地球の表面を覆っている、厚さ数十キロメートルもの岩石の層です。プレートは地球全体で十数枚に分かれており、パズルのように組み合わさった状態で存在しています。

プレートには**海洋プレート**と**大陸プレート**の2種類がありますが、ユーラシア大陸の東の沖合には、この2つがぶつかる境界線がありました。

海洋プレートが大陸プレートに潜り込むときに、海底の堆積物がはぎとられるように分離され、大陸プレートの方に押し付けられることがあります。これが「付加体」です。日本列島の土台は、この付加体によってつくられているのです。

さらに、およそ2億～1億年前、九州中部、四国の北部、近畿地方から東海地方北部、北関東や東北地方の一部が形成されました。これに九州、四国、紀伊半島の南部、東海地方南部、そして房総半島の南部が加わります。

ただし、これらは本来違う場所にあった付加体でした。もともとはずっと南側に位置していたのですが、およそ1億3000万年前、プレートの移動にともなって北上し、日本の「原形」に衝突したのです。

このように、日本列島は、さまざまな時代の付加体がぶつかることでつくられました。

言わば、プレートの衝突によってできた**「削りカス」の塊**だったのです。

さらに2000万年前、この「塊」は地殻変動によってユーラシア大陸から引き離されます。

そして、次第に南東に移動し、現在の場所に「落ち着いた」というわけです。

みなさんがお住まいの地域がいつできたものなのか、どこで生まれたものなのか、考えを巡らせてみるのも面白いかもしれません。

❶3億年前

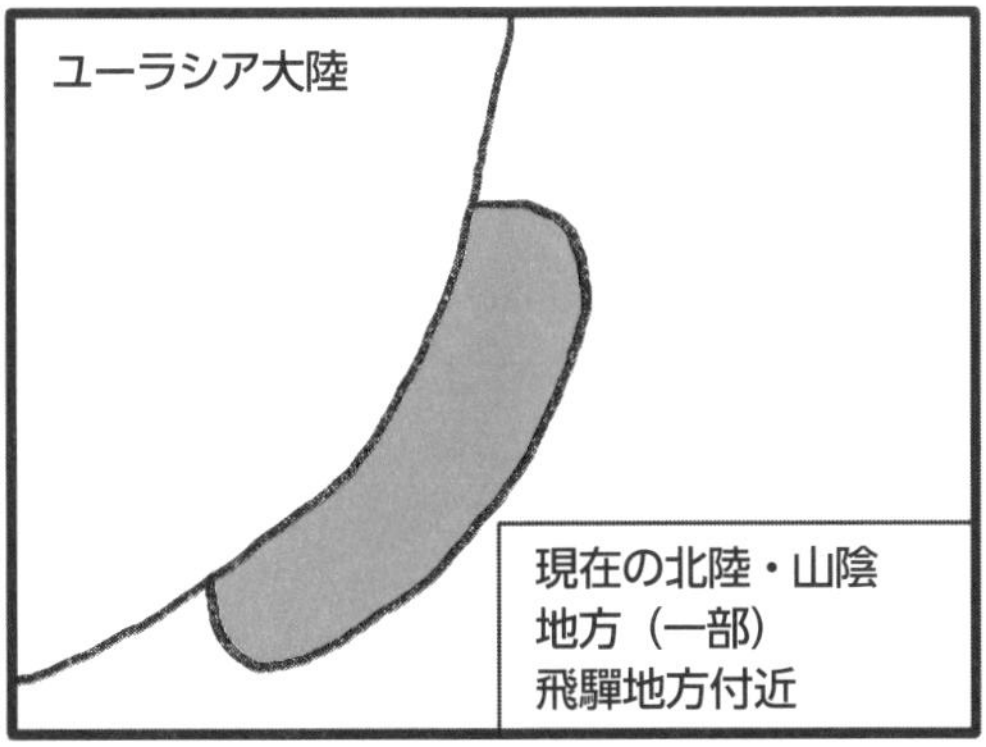
ユーラシア大陸
現在の北陸・山陰地方（一部）飛騨地方付近

これが日本列島の原形!!

❷2億～1億年前

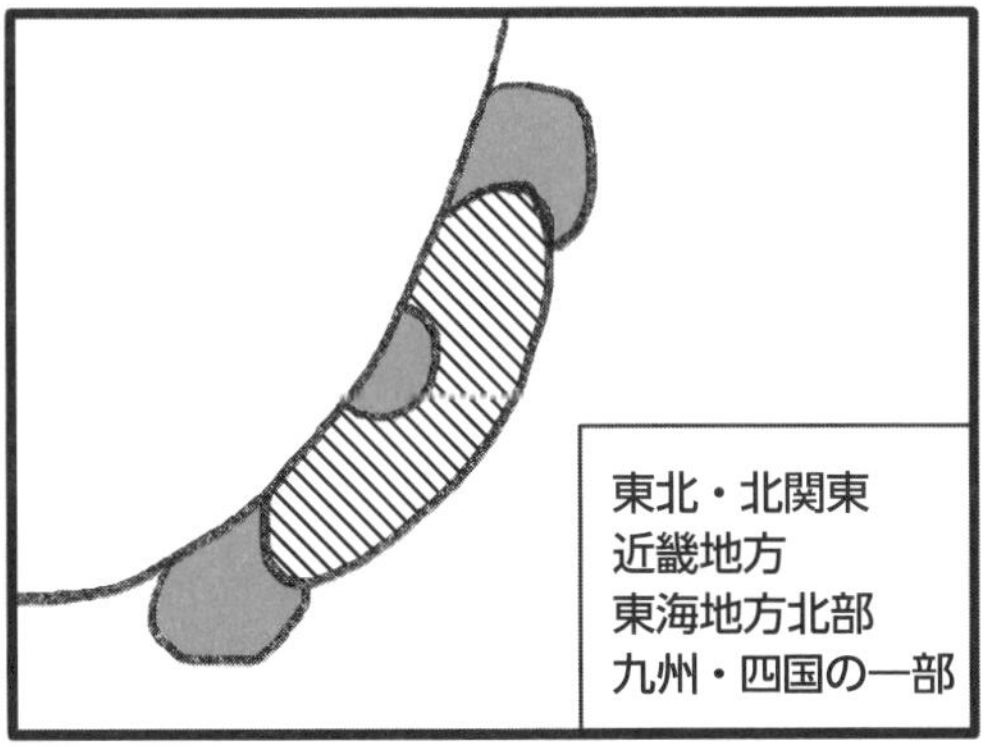
東北・北関東
近畿地方
東海地方北部
九州・四国の一部

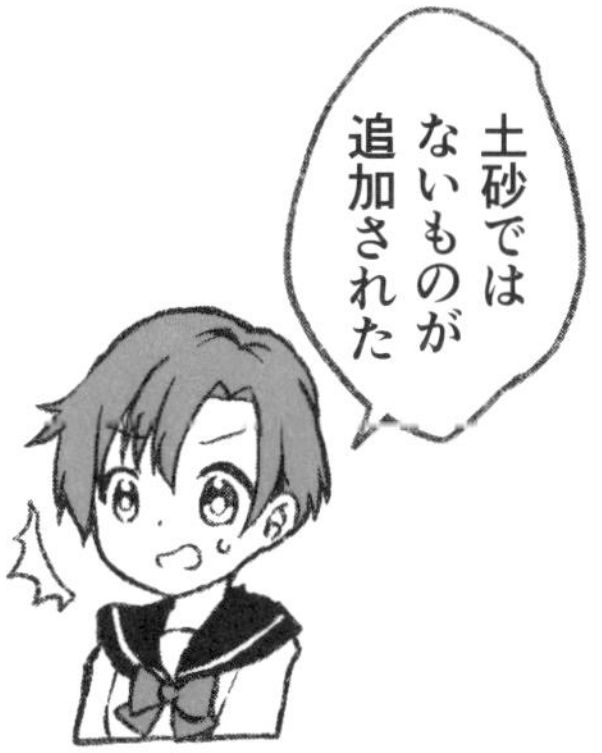
土砂ではないものが追加された

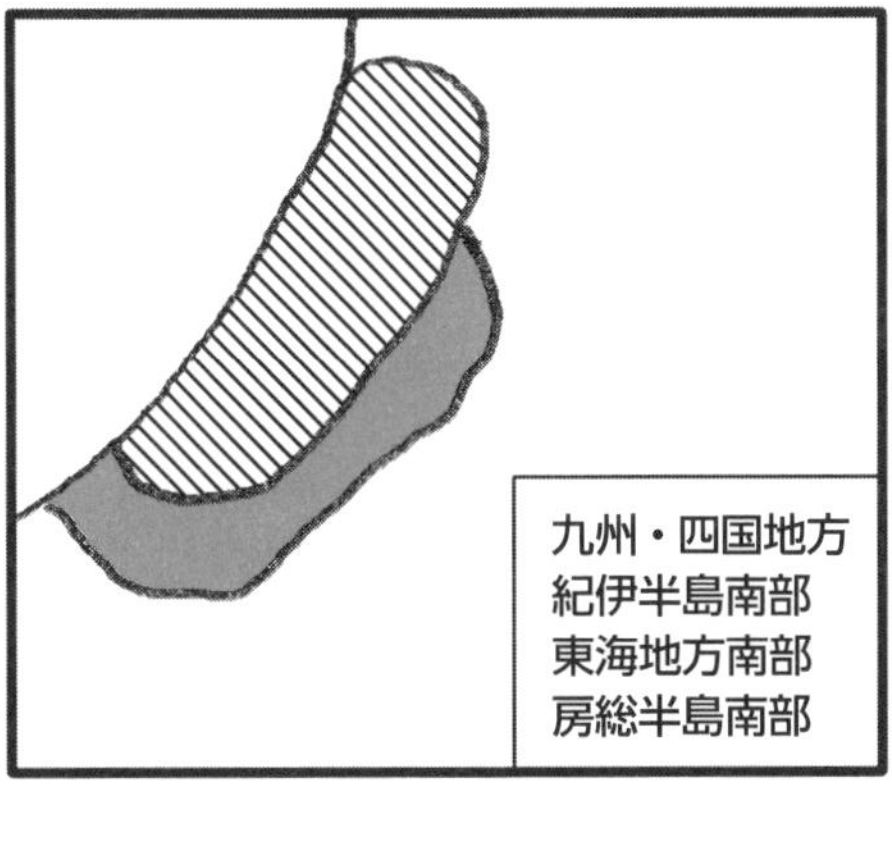
九州・四国地方
紀伊半島南部
東海地方南部
房総半島南部

❸2000万年前

分離

なぜ本州は「く」の字に曲がっているの？

日本列島は環太平洋造山帯に属し、大陸プレートのユーラシアプレート、北アメリカプレート、そして海洋プレートの太平洋プレート、フィリピン海プレートの4枚のプレートがせめぎ合う場所です。列島全体を上空から見てみると、島の並びが弓なりに反《そ》っていると同時に、長野県あたりから鹿児島にかけて「く」の字に折れ曲がっているように見えます。

大陸プレートと海洋プレートがぶつかる場所では海溝（海底が深く落ち込んで溝状になっている場所）ができ、その大陸プレート側には**弧状列島**（**島弧**）と呼ばれる弓なりの島々が見られます。アリューシャン列島やカリブ海の西インド諸島などは、典型的な弧状列島です。日本列島も位置関係で考えると弧状列島で、島全体は太平洋側に突き出す形で反って並んでいることがわかります。

では、なぜ本州が「く」の字に曲がったのでしょうか？

これは、日本列島が大陸から切り離されたときの動きに関係があります。

２０００万～１５００万年前頃、地下に眠っていたアセノスフェアと呼ばれる高温のマントルが、巨

環太平洋造山帯 ▶ 太平洋のまわりを取り囲むようにして存在している、高く険しい山地の連なり。地震や火山活動が多く発生することで知られる。

日本列島付近にある4つのプレート

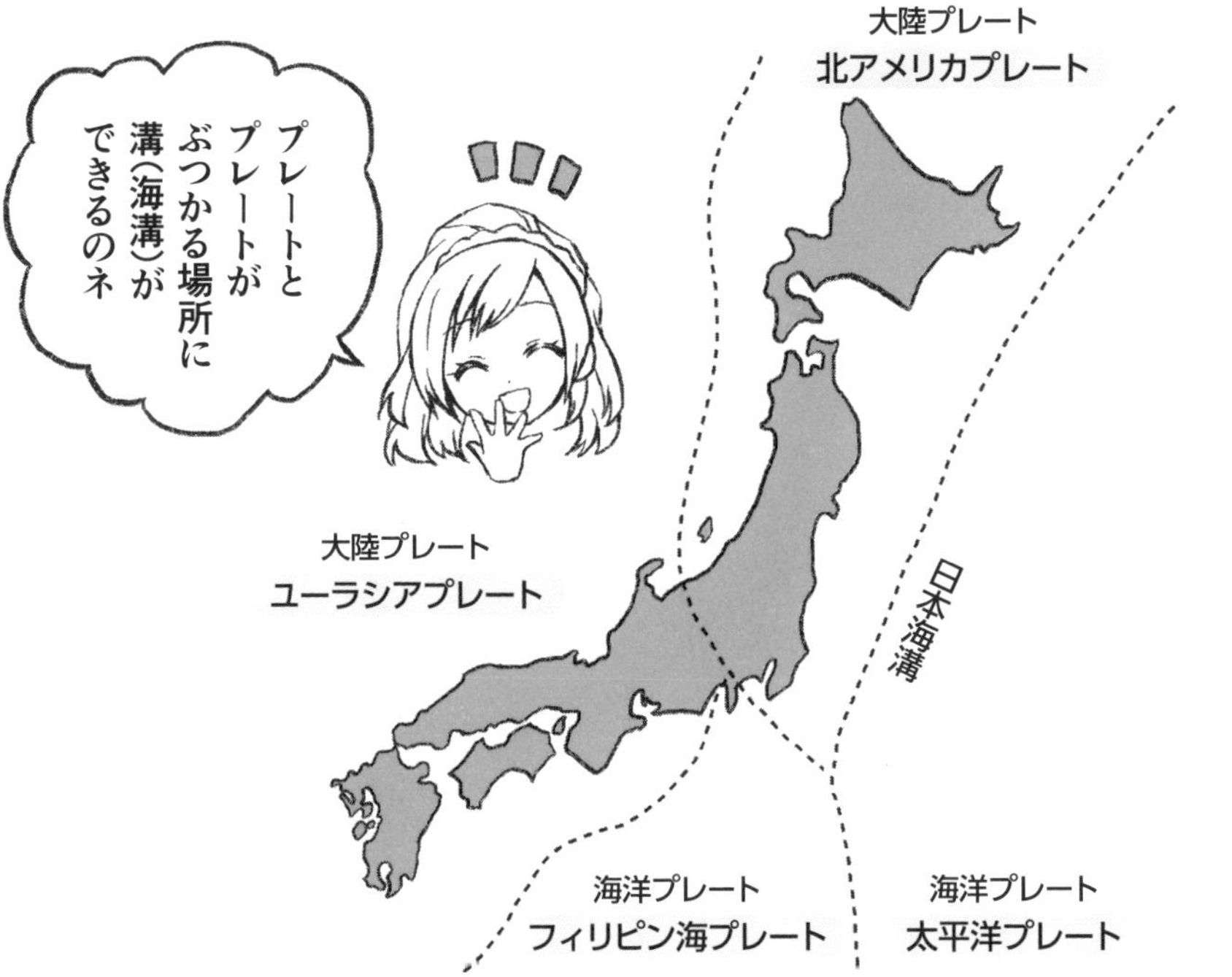

大な流れとなって上昇し、その力で大陸を引き裂き始めました。

前項でもふれましたが、日本列島の原形となる陸地はこの力によってユーラシア大陸から離され、太平洋へ向かって移動を始めます。その際、日本列島と大陸の間につくられたのが現在の日本海です。

このマントルの上昇は約５００万年という長期にわたって続いたと考えられており、その間に日本海にあたる場所では多くの海底火山が活動しました。

ちなみに、そのときの痕跡のひとつが、日本を代表する高級石材「大谷石」です。国会議事堂などにも使われているこの石は、火山灰などが海底に堆積し、それが固まってつくられたものです。グリーンタフと呼ばれ、日本海側や関東北部を中心に分

マントル ▶ 地面直下の地殻と地球の中心（核）との間にある岩石の層。成分は個体だが地球中心部の熱によって温められると流体として上昇する。

布しています。

日本列島が大陸から離れていく過程で、ある「事件」が起きました。西南日本が時計回り、東北日本が反時計回りと、それぞれのパーツが別の方向に回転したため、なんと陸地が２つに裂けてしまったのです。

このとき、現在の本州中央部には数千メートルという深さの谷が誕生しました。この巨大な谷を**フォッサマグナ**（ラテン語で「大きな溝」の意味）と言います。

フォッサマグナ付近には、ユーラシアプレートと北アメリカプレートの境界線があると考えられています。

プレートが接しているエリアの大きな特徴は、地震が頻発すること。このため、フォッサマグナの付近にある長野県や新潟県では、たびたび直下型の大地震が発生しています。２００４年に起きた新潟県中越地震はその代表的な例と言えるでしょう。

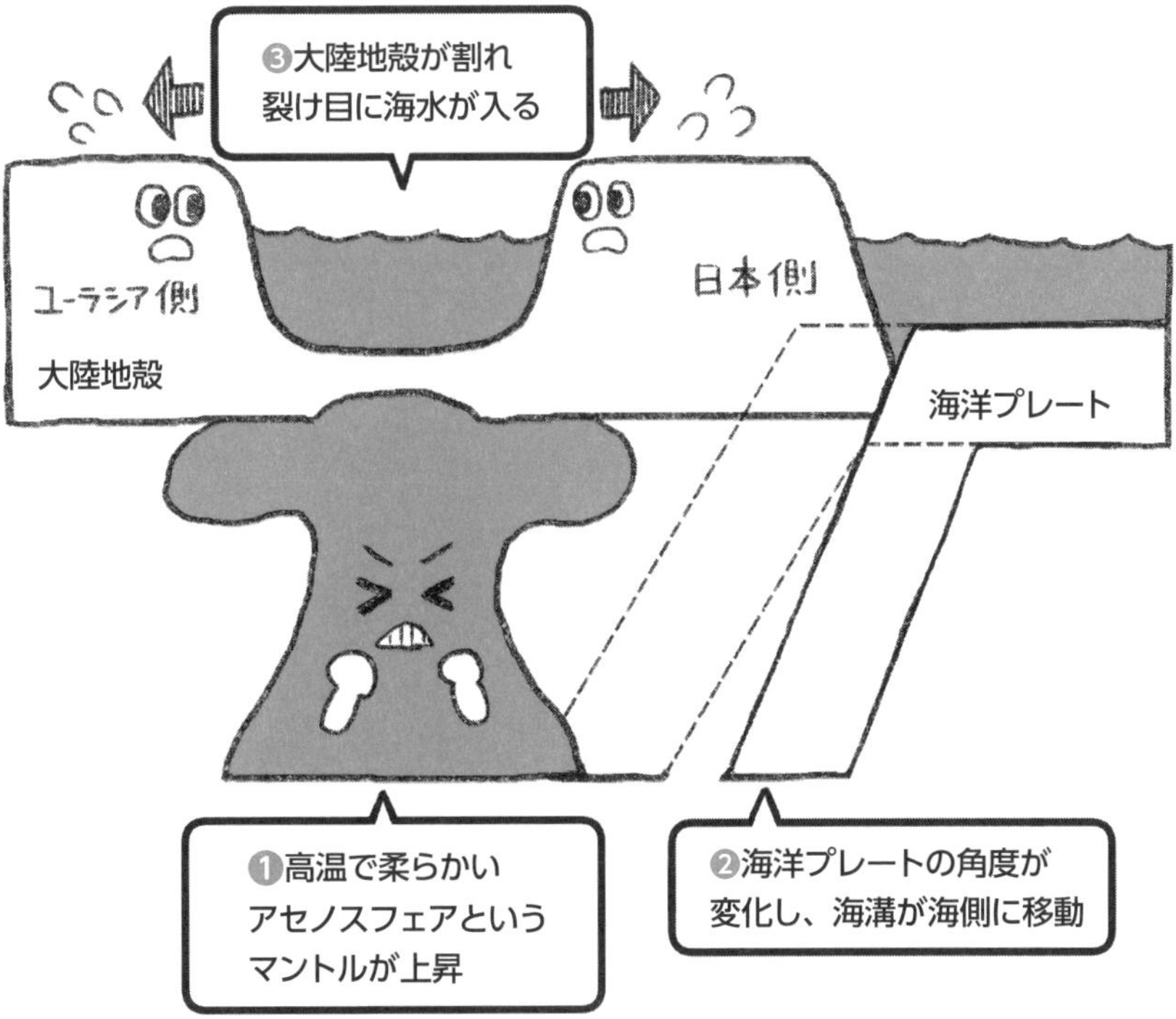
③大陸地殻が割れ
裂け目に海水が入る
ユーラシア側
日本側
大陸地殻
海洋プレート
①高温で柔らかい
アセノスフェアという
マントルが上昇
②海洋プレートの角度が
変化し、海溝が海側に移動

それぞれ
違う方向に
ねじれて
溝ができたのね
東日本
パキッ
西日本

フォッサマグナは巨大な「かさぶた」だった!?

前項では、西南日本と東北日本が別々の方向に回転した際にできた巨大な裂け目を「フォッサマグナ」と呼ぶ……というお話をしました。

この裂け目には、長い時間をかけて大量の堆積物が溜《た》まりました。その堆積物はあまりにも大量であるため、現在でも、谷の奥を見ることはできていません。これまでに何度か実施されているボーリング調査でも、**フォッサマグナの基盤岩には到達できていない**のです。わかっているのは6000m（6km）まで。それ以上の深さは「不明」なのです。

それにしても、深さ6km超、長さおよそ300km、幅は50～100kmに及ぶとされる大峡谷を土砂などで埋めるのは容易ではないはずです。

仮に深さ6km、長さ300km、幅50kmの最小限の範囲で計算しても、その体積はおよそ9万km^3。これだけの堆積物がどのようにしてフォッサマグナを埋めていったのでしょうか。

少なくとも、河川の運搬作用（→66ページ）のような小さな力では到底足りないことは想像できます。

実はフォッサマグナを埋めている堆積物は、南北でまったく違います。

関東山地を境に南北で分かれているフォッサマグナについて、それぞれの歴史を見てみましょう。

フォッサマグナの深さはどれくらい？

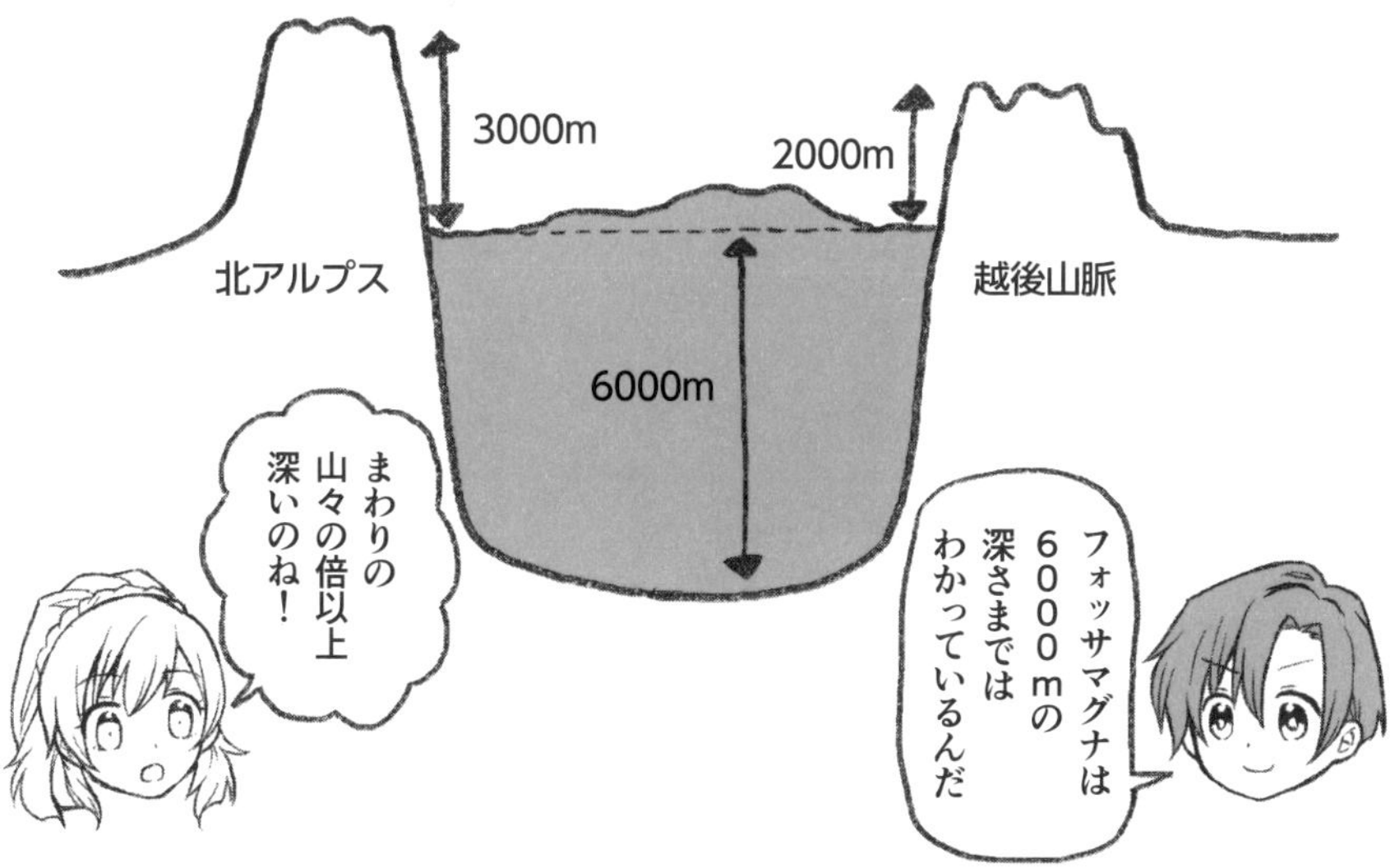
3000m
2000m
北アルプス
越後山脈
6000m
まわりの山々の倍以上深いのね！
フォッサマグナは6000ｍの深さまではわかっているんだ

フォッサマグナの北側は、日本列島の移動で巨大な谷が形成されたあと、度重なる火山活動による噴出物や、海底に堆積した地層によって埋められていきました。

つまり、北側は裂けた傷口をさまざまな堆積物が長い時間をかけて覆った「かさぶた」のようなものだと考えられるでしょう。

一方の南側は、北側とはまったく異なる流れで埋められました。

およそ1500万年前、フィリピン海プレートが北上したときに、その上に存在していた伊豆半島と、火山島群である伊豆・小笠原列島が本州に次々と衝突。フォッサマグナの南部にめり込んでいったのです。フォッサ

このとき、伊豆・小笠原諸島の海底火山の噴出物や、西南日本から太平洋に流れ出し、海底に堆積していた多くの土砂も、衝

突によってフォッサマグナに押し付けられました。

この「押し付けられた」という表現、どこかで聞いた記憶はないでしょうか。そうです。日本列島の原形がつくられた話でも登場しました。

フォッサマグナに押し付けられたさまざまな堆積物も「付加体」です。

つまり、**フォッサマグナは北部の「かさぶた」と、南部の「付加体」に分かれている**ことになります。

ちなみに、フィリピン海プレートが日本列島にぶつかったときの動きは、途中からやや西向きに変わりました。そのため、その圧力で陸地が隆起して高い山脈が誕生しました。この山脈が現在の南アルプスです。

このように、フォッサマグナと一言で言っても、その地下の構造は南北でまったく異なります。

日本の本州、その真ん中にありながら、いまだ謎の多い大地溝帯フォッサマグナ。

今後の探査によって新たな発見があるかもしれません。

フォッサマグナはよく日本列島の溝って言われるよな
……というよりどちらかというと巨大なかさぶたって感じね
越後山脈
関東山地より北側
火山活動の噴出物
海底に堆積した地層
飛驒山脈
関東山地
富士山
関東山地より南側
フィリピン海プレートが北上して本州にぶつかったときに、隆起した
フォッサマグナの西縁は糸魚川–静岡構造線と呼ばれていて地質的な境界線になっています

富士山は4つの山からできている？

「日本」と聞いて真っ先にイメージするものと言えば、桜や紅葉、和食や東京の高層ビルなど……。こうした日本の象徴とされるものの中で、必ず名前が挙がるのが富士山でしょう。日本の最高峰であり、その美しい円錐《えんすい》状の山体は外国人にも人気があります。

富士山があるのは静岡県と山梨県の県境。

ちょうど、**フィリピン海プレートとユーラシアプレートがぶつかっている場所**です。ここには他にも、箱根山、浅間山などの火山がありますが、これらも富士山と同じグループ（火山列）に属しています。

また、富士山が分類されているのは「成層火山」というタイプ。

これは何度も噴火を繰り返し、溶岩や火山灰などが積み重なった火山のことです。

富士山のきれいなシルエットを思い浮かべれば、その成り立ちも納得できます。

しかし、現在、私たちが見ている富士山は、かつてはまったく違う形をしていました。

その歴史をさかのぼると、富士山の姿は長い時間をかけて大きく変貌してきたことがわかります。

富士山はどちらの県のもの？

山頂にある浅間神社は静岡県のものだからな！
富士山の登山者は山梨側からの方が多いのよ！
山梨 VS 静岡
現在県境ははっきりとは決まっていないんです

富士山の「原形」となる火山が噴火を始めたのは、今から100万〜70万年ほど前。

原形となったのは、海底火山だった「先《せん》小御岳《こみたけ》」です。

実は2004年までは「富士山は3階建て（小御岳《こみたけ》、古富士《こふじ》、新富士《しんふじ》）」と言われていました。

しかし、それ以前に形成され、現在は地中に埋もれているもうひとつの山体、先小御岳が発見されたことで、「4階建て」であることが明らかになりました。

現在の富士山の礎となっているのは、先小御岳が誕生したあと、約70万年前に活動を始めた「小御岳」です。

小御岳の標高はおよそ2400m。現在の富士山の5合目付近にあたる高さで、ここがかつての山頂にあたります。

山頂 ▶ 現在、5合目付近には小御岳神社が鎮座している。

その後、今から約10万年前に「古富士」の活動が始まりました。数百回に及ぶ爆発的な噴火と、複数回の大規模な山体崩壊（火山の本体が大規模な崩壊を起こす現象）を繰り返しつつ、富士山の原形は少しずつ成長していきます。

ちなみに、このときの古富士の噴火や、浅間山、男体山などの噴火によって、関東平野には大量の火山灰が降りました。この火山灰でつくられた赤土の地層は「関東ローム」と呼ばれています。

さらに時代がくだって縄文時代、およそ1万年前から、古富士の山頂からこれまでとは質の異なる溶岩が噴出しました。「新富士」の活動の始まりです。

ここから噴火は粘り気の多いもの（安山岩質）から、粘り気の少ないもの（玄武岩質）に変わり、大量の溶岩が流出します。噴火によって火口から吐き出された物質はミルフィーユのように何層にも積み重なり、それ以前の山体を覆っていきました。

この噴火はおよそ５０００年にわたって続き、現在の円錐状の美しい富士山がつくられたのです。

つまり、**縄文人たちは今とは異なる「富士山」の姿を見ていた**ことになるでしょう。

その後も富士山は何度か噴火しますが、宝永《ほうえい》噴火（１７０７年）以降は長らく火山活動がありません。

しかし、今後噴火する可能性は十分にあります。

美しき日本の象徴である富士山が、私たちに牙をむく日が来るのでしょうか。

❶約70万年前

富士山は
噴火のたびに
大きくなって
現在は
4階建てに
なっています

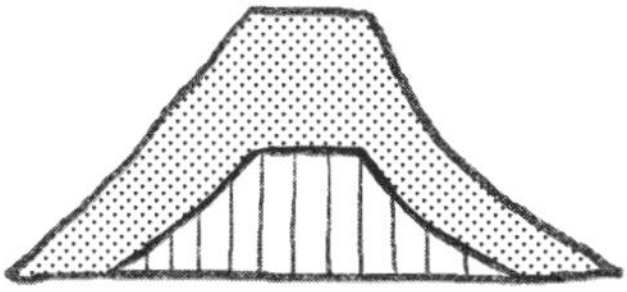

海底火山だった先小御岳が噴火したあと
約70万年前に小御岳が噴火する。

❷約10万年前

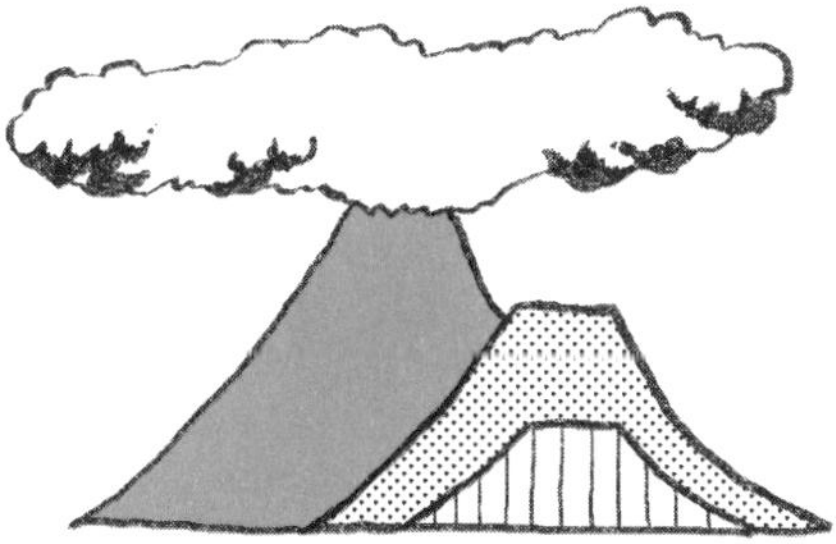

古富士が活動を開始。噴火と山体崩落を繰り返して大きく成長。
このときの噴火による火山灰は関東平野の基礎になった。

❸1万年前

この噴火は
5000年も
続いたんだって

新富士が活動を開始。噴火で放出された物質が何層も重なって少しずつ現在の富士山がつくられていった。

琵琶湖は三重県から引っ越してきた!?

琵琶湖は、滋賀県にある日本最大の淡水湖。

南北幅60㎞、東西幅20㎞、面積670㎢を誇る日本最大の湖です。

また、最大水深もおよそ100mと深く、その貯水量はおよそ275億t《トン》に上ります。

琵琶湖という名前は、弁財天（湖上に浮かぶ竹生島《ちくぶじま》に祀《まつ》られている神様）が持つ琵琶の形に似ていることから名付けられたと言われています。

ただし、琵琶湖の名が定着したのは弁財天信仰が盛んだった江戸時代の元禄以降（1700年頃）。

そもそも琵琶湖の形がある程度正確にわかったのは、測量技術が発達した江戸期に入ってからなのです。


そんな、比較的新しい名前とは裏腹に、琵琶湖は**世界屈指の長い歴史を持つ湖**です。

琵琶湖のルーツとなる「古琵琶湖《こびわこ》」から数えて400万年、現在の琵琶湖からさかのぼっても100万年もの長い歴史があります。

一般的な湖は土砂の堆積の影響を受けて1万年ほどで消滅してしまうため、10万年以上の歴史を持つ湖は稀《まれ》。そのような湖を古代湖と言いますが、世界でも20例ほどしか存在しません。

琵琶湖の貯水量はどれくらい？

琵琶湖は滋賀県の面積の約6分の1！
固有種ビワマス
日本人すべての生活用水のだいたい2・5年分なのよ
水の量は275億tって言うけど……

では、琵琶湖は、どのような過程を経て今の形になったのでしょうか。

琵琶湖の歴史は、大きく2つに分けることができます。

まずは先ほど登場した古琵琶湖と呼ばれる段階です。

古琵琶湖が生まれたのは今から400万年ほど前。場所は今の琵琶湖とはまったく違う、三重県の伊賀市付近でした。

当時の地球環境は温暖でした。湖は多くの水をたたえ、周囲にはメタセコイアなどの巨木が立ち並び、ゾウやシカ、ワニなどが生息していたと考えられています。

やがて、古琵琶湖は北に向かって「移動」していきます。

湖が移動する。そんなことが実際にあり

得るのでしょうか。

実はあるのです。

「移動」に影響を与えたのは**断層運動**です。

断層運動とは、大きな力によって地下の岩盤のズレ（断層）が急速に動くこと。断層運動が起こると地盤が陥没し、流入する土砂が凹地を埋めます。と、同時に、水が新たなくぼみに流入するため、湖が移動するように見えるのです。

古琵琶湖から現在の琵琶湖まで、その移動距離はおよそ１００㎞。琵琶湖は長い長い道のりを経て、今の場所にたどり着いたのでした。


現在の琵琶湖は、形を見てもわかる通り、南・中・北３つのパーツから成り立っています。各パーツを形成する３つの盆地は、それぞれ１００万年前、70万年前、50万年前に沈降を始めました。

南の盆地はすでに拡大を終え、現在は流入する土砂によって埋まりつつあります。

一方、中央の盆地は拡大が止まる傾向にあり、北の盆地はいまだ拡大中。

このまま進めば、琵琶湖はいずれ現在とは逆の、北側が広い形に変化していくでしょう。

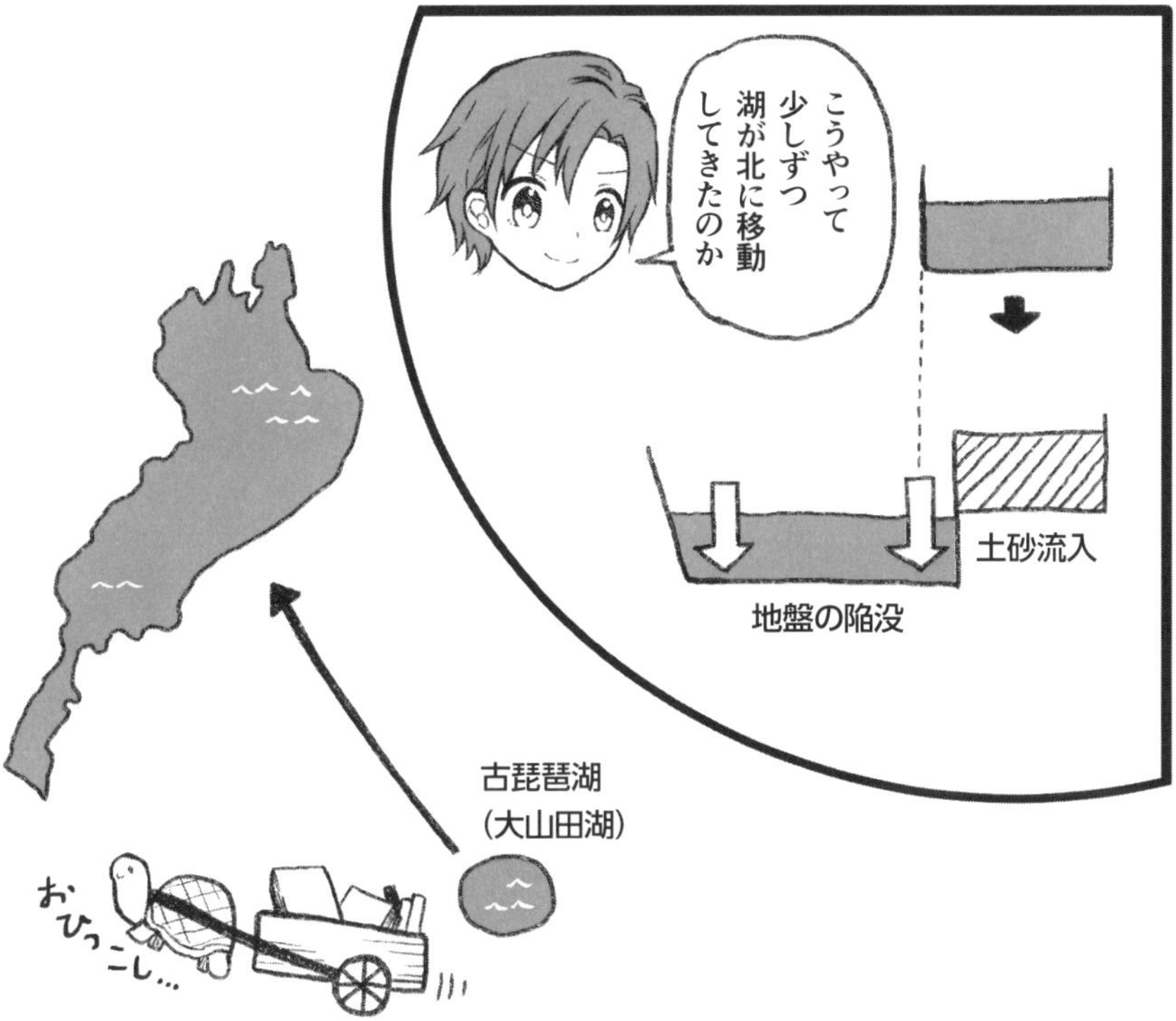
こうやって
少しずつ
湖が北に移動
してきたのか
土砂流入
地盤の陥没
古琵琶湖
（大山田湖）
おひっこし…

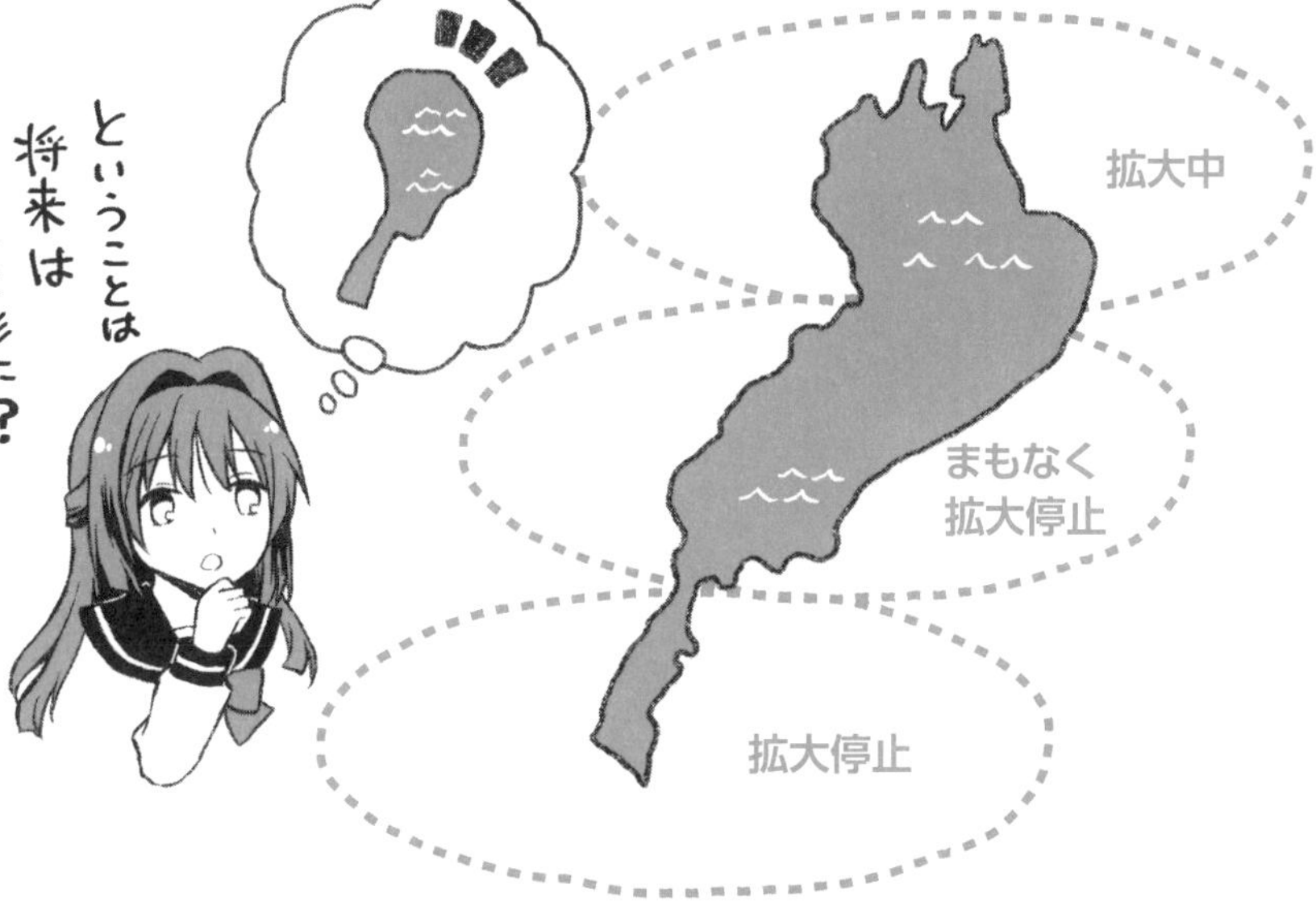
ということは
将来は
こんな形に？
拡大中
まもなく
拡大停止
拡大停止

九州はすでに2回滅んでいる！

九州の巨大な火山と言えば、すぐに思い浮かぶのが阿蘇山《あそさん》でしょう。

阿蘇山は、世界最大級（東西約17㎞、南北約25㎞）のカルデラを持つ活火山です。

カルデラとは、火山の噴火によってできた巨大な凹地のこと。

火山が噴火するときには、地下に溜まった大量のマグマが一気に地表に噴き出し、もともとマグマのあったところが空洞になります。この空洞に上の地面が落ち込んでできるくぼみがカルデラなのです。

巨大なカルデラは、過去にそれだけ大きな噴火が起きた証拠だと言っていいでしょう。


ところで、九州の南の海底に、阿蘇山に匹敵する大きさの巨大カルデラがあるのをご存じでしょうか。

それが**鬼界《きかい》カルデラと始良《あいら》カルデラ**です。

鬼界カルデラは、鹿児島県薩摩半島の南方沖にあり、東西約20㎞、南北約17㎞。

一方、始良カルデラは鹿児島湾の奥、桜島の北に位置し、直径20㎞という巨大な凹地です。

実は、この2つの海底火山こそ、九州を2回滅ぼした「犯人」なのです。


最初に九州を滅ぼしたのは始良カルデラでした。

九州を二度滅ぼした2つのカルデラ

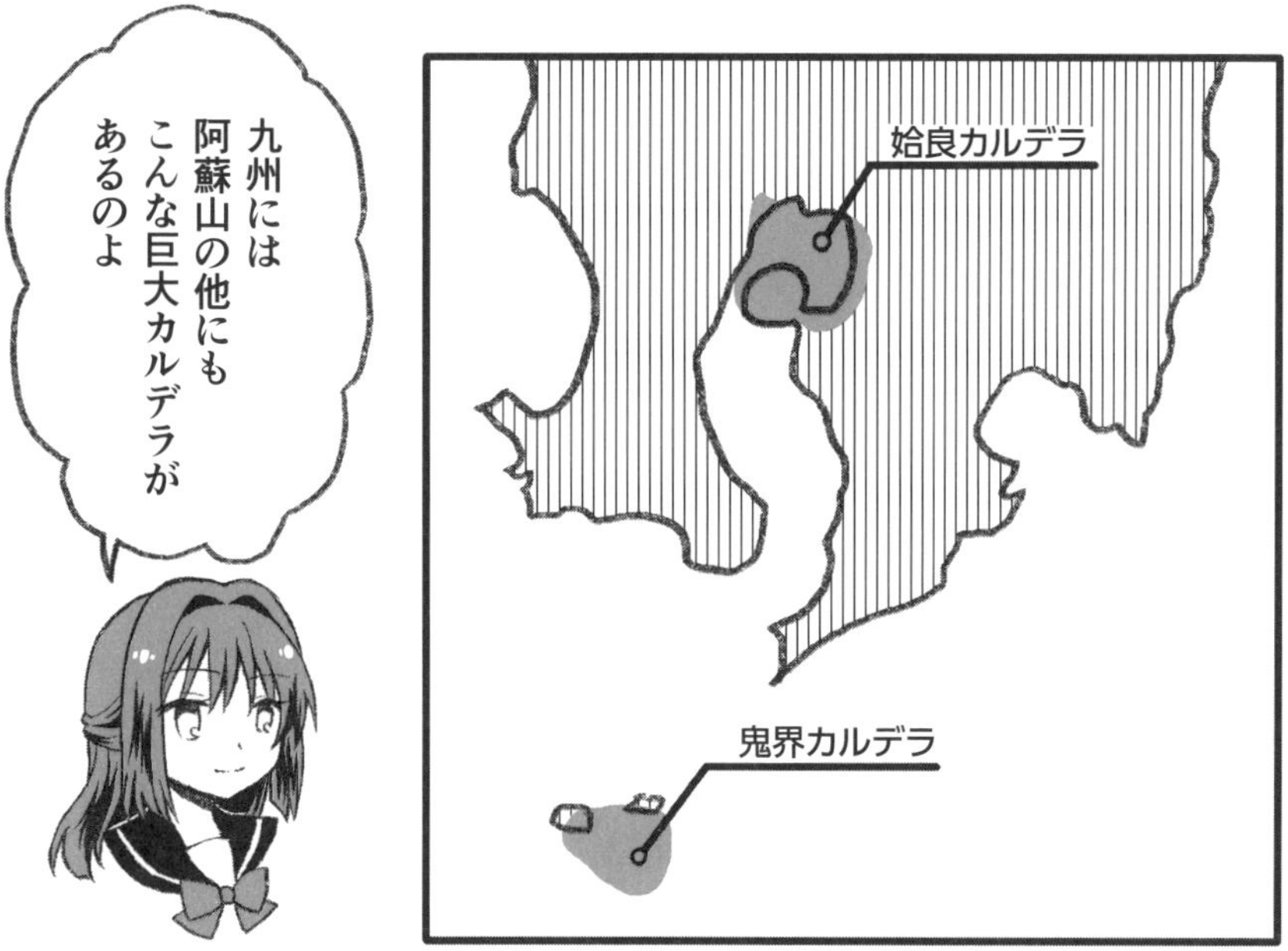
九州には
阿蘇山の他にも
こんな巨大カルデラが
あるのよ
姶良カルデラ
鬼界カルデラ

今からおよそ3万年前の出来事です。

桜島付近で始まった噴火は大量の火山灰と軽石を噴出。さらに大規模な火砕流を発生させました。

火砕流とは、超高温の火山ガスと噴出物が混ざり合って、時速100㎞という高速で周囲に広がっていく現象です。その温度は1000℃に達し、あらゆるものを瞬時に焼き尽くします。

ちなみに、古代ローマ時代にポンペイの街を瞬時に滅ぼしたのもヴェスヴィオ火山の火砕流でした。

姶良カルデラの噴火で噴出したガスは、九州南部を覆い尽くしました。

当時の九州南部に定住していた人が生き残ることはほぼ不可能だったでしょう。

さらに時は流れ、今からおよそ7300

年前、九州には縄文文化が栄えていました。

気候に恵まれていたこともあり、この時代の九州には多くの人が住み、他の地域より進んだ技術を持っていたようです。なぜなら、当時の地層から先進的な形の土器（平底《ひらぞこ》）が出土しているからです。

そして、鬼界カルデラが噴火します。

噴火にともなって巨大な火砕流が発生すると、九州南部は再び焦土と化しました。

1000年近くの間、この地域が不毛の地になったことからも、火砕流の激しさがうかがい知れます。

再び人が住み始めたとき、土器は周辺地域と同じ形（尖底《せんてい》）に先祖返りしていました。

つまり、この地域にいた縄文人は全滅に近いダメージを受けたと考えていいでしょう。ちなみに、これらの噴火の火砕流によって、九州南部に広大な台地がつくられました。それが「シラス台地」です。


このように、九州には阿蘇山以外にも巨大なカルデラが存在し、大きな噴火を繰り返してきました。

その周期は数万年に一度。人間にとっては長い時間のように思えますが、地球の歴史の中では瞬きする間の出来事です。

もし、今、同じ規模の噴火が起きれば、九州だけでなく他の地方のインフラも破壊され、**直接的な死者は1000万人、間接的な死者は1億人に達する**と言われています。

このような大規模な噴火が起こる可能性は極めて低いものの、次の噴火は1000年先かもしれませんし、あるいは明日かもしれないのです。

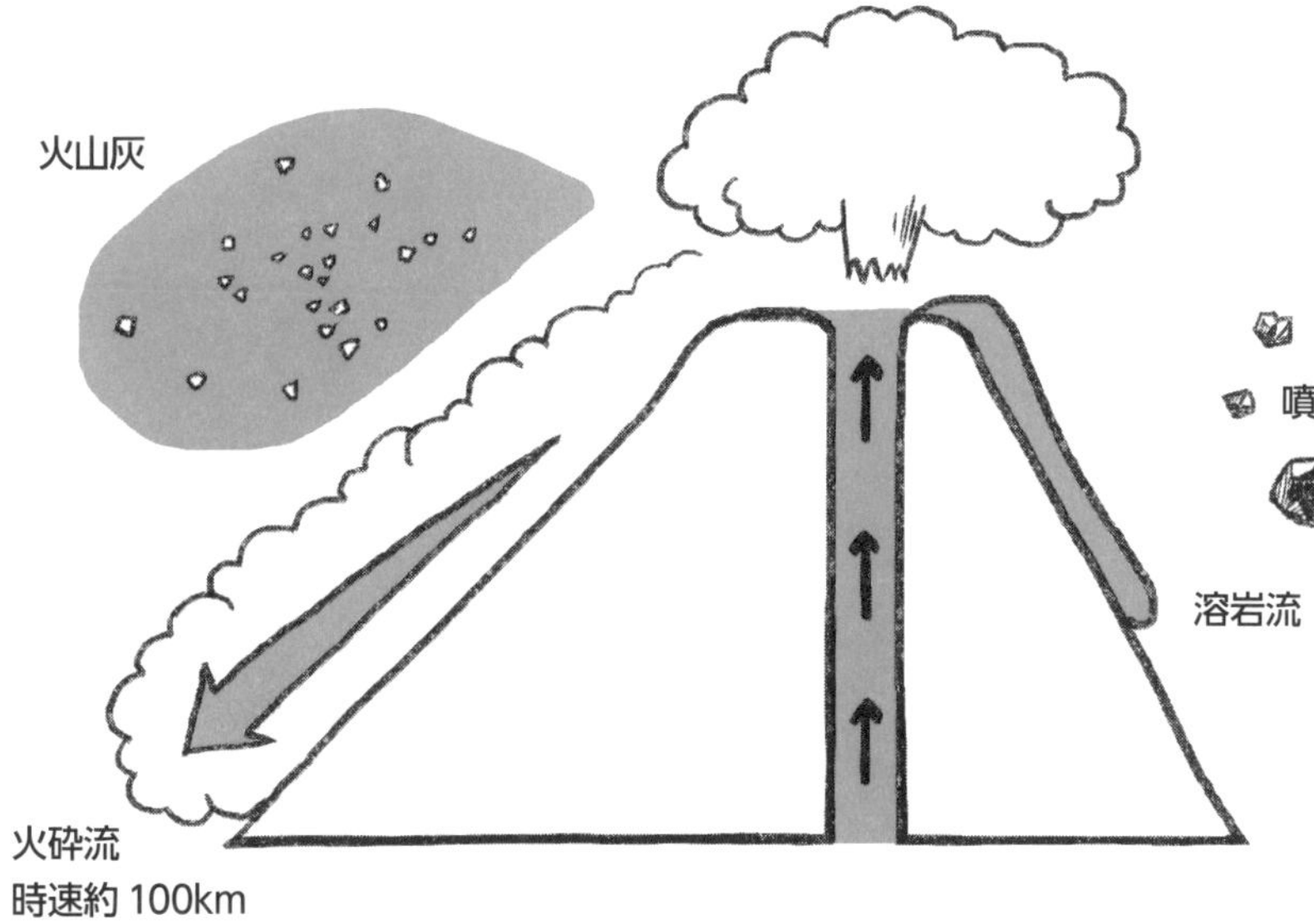
火山灰
噴石
溶岩流
火砕流
時速約 100km

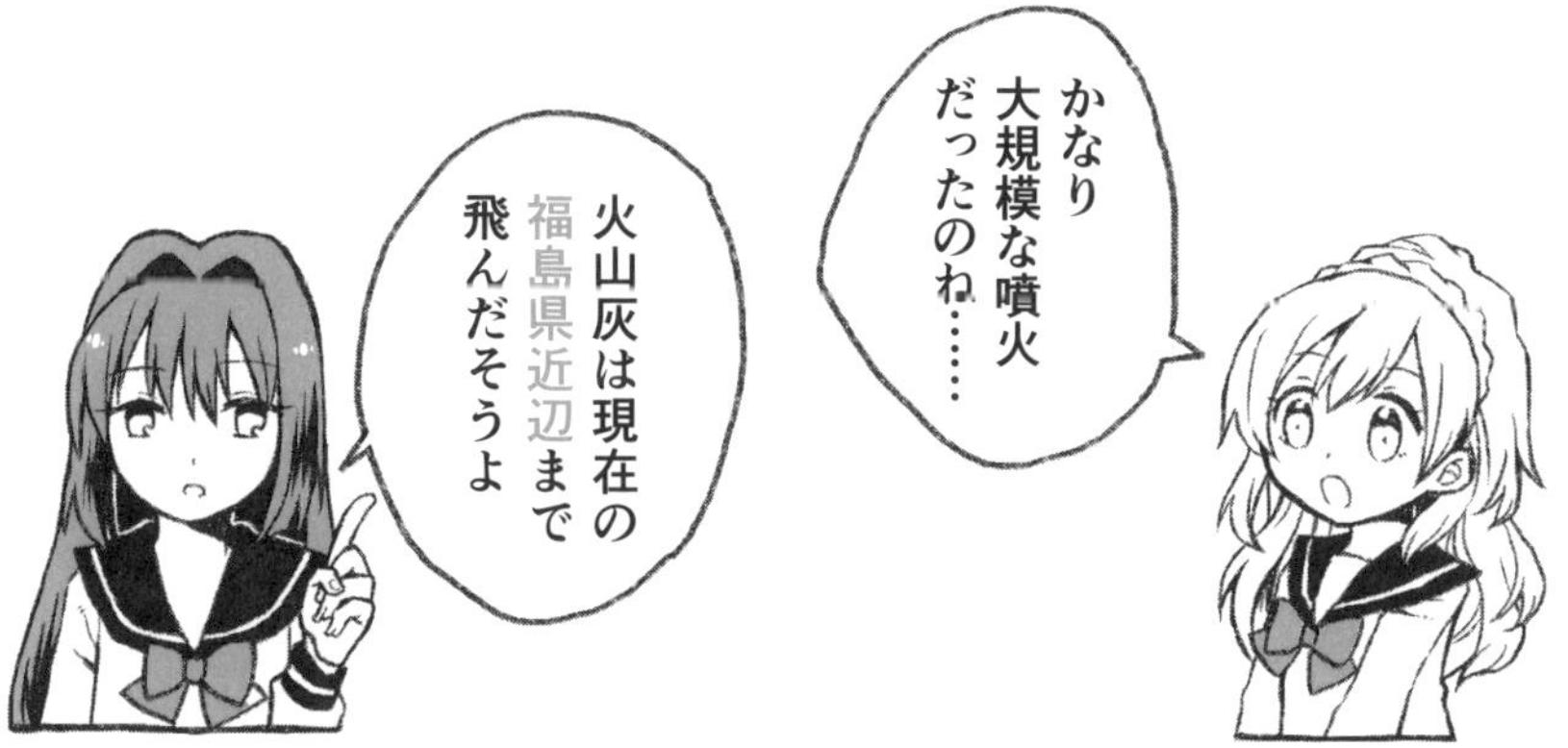
かなり大規模な噴火だったのね……
火山灰は現在の福島県近辺まで飛んだそうよ

鬼界カルデラの噴火の規模は縄文人の文化を破壊するほどだったんだなー
底のあった土器もトンガリ底に逆戻り……

摩周湖は日本最大の「水たまり」？

「湖」とは、陸地にできたくぼみに水が溜まった水域の中で、比較的大きく深いものを指します。日本にはたくさんの湖がありますが、その数は環境省自然保護局の調査対象になっているものだけでも４７８カ所（１ha以上の水域を持つもの）。日本最大の湖は、前項でふれた琵琶湖、一番深い湖は秋田県の田沢湖（最大水深４２３・４ｍ）です。

湖は、そのつくられた過程によって「堰止湖《せきとめこ》」「断層湖」「海跡湖《かいせきこ》」「火山湖」などに分類されます。

このうち、日本で最も多いのが堰止湖。谷や凹地が何らかの理由でせき止められ、そこに水が溜まってできた湖です。代表的なものとしては、富士山のふもとにある富士五湖や中禅寺湖などが挙げられます。断層湖は、その名の通り断層運動によってできた凹地に水が溜まったもので、猪苗代湖《いなわしろこ》や諏訪湖、琵琶湖などが該当します。海跡湖は、かつて海だった場所が砂丘などによって海から切り離されてできた湖。宍道《しんじ》湖や浜名湖、霞ヶ浦などが典型的な例と言えるでしょう。

そして、今回のお話と関連が深いのが火山湖です。火山湖は火山活動によって形成された湖の総称。

火山湖はどのようにしてできるの?

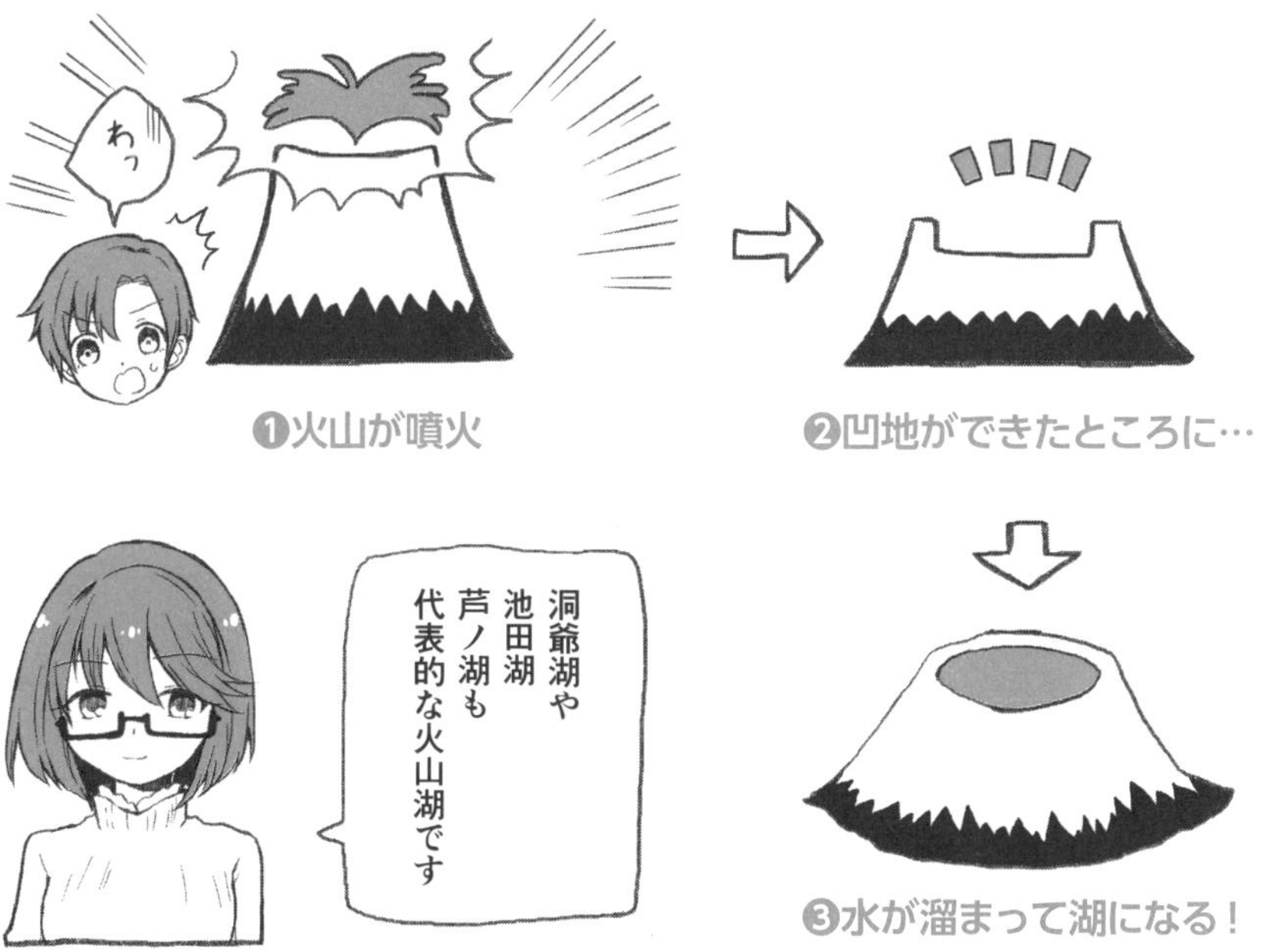
わっ
❶火山が噴火
❷凹地ができたところに…
❸水が溜まって湖になる!
洞爺湖や
池田湖
芦ノ湖も
代表的な火山湖です

先ほどの堰止湖も、溶岩流などの火山活動によってせき止められた場合は火山湖に分類されるかもしれません。

ちなみに、火口部の凹地に水が溜まったものは火口湖と呼ばれます。

ここで取り上げる摩周湖も火山湖の一種で、細かくは「カルデラ湖」に分類されます。カルデラ湖とは火山活動の中で山が大きく崩れてできた巨大な凹地、いわゆるカルデラ（→42ページ）に水が溜まったもの。田沢湖、屈斜路《くっしゃろ》湖《こ》や十和田湖もカルデラ湖に分類されます。

一方、日本の「河川法」という法律で摩周湖を見ると、また別の見方ができます。河川法によると、湖とは「流入河川がある」ことが必須条件となっています。

ところが、摩周湖の周囲は断崖絶壁で囲

まれており、形成されてから現在までの7000年間、湖に流入する河川が存在したことがありません。

そのため、河川法上では湖とはならず、ただの**「水たまり」**とされているのです。

とはいえ、摩周湖は面積およそ19・22㎢、最大水深211・5m（全国5位）、平均水深137・5m（同3位）。「水たまり」とはいえ、膨大な量の水をたくわえているのです。


また、摩周湖には、注目すべき大きな特徴があります。それは、**透明度**。

まず、流入河川がないので生活排水などによる汚染のリスクがありません。周囲が断崖絶壁で湖への自由な立ち入りも規制されているため、観光による汚染もあまり発生しません。

さらに、水源となる地下水は、地層によって濾過《ろか》されているため、美しいままです。栄養が少なく、在来の生物がほとんどいないため、生物活動による水質の悪化が起きづらい、という特徴もあります。

実際、1930年に記録された透明度41・6mは、ロシアのバイカル湖を上回り世界一でした。

ところが、現在の透明度は17m前後に低下してしまいました。

原因としては、マス類の放流による生態系の変化、観光客の増加によって発生した土砂の流入、自動車の排気ガスの影響などが指摘されていますが、特定には至っていません。

しかし、透明度が下がっても湖上に濃霧が発生する「霧の摩周湖」現象は健在。北海道旅行の際には「霧の中に浮かぶ日本最大の水たまり」を訪れてみてはいかがでしょうか。

「河川法」では流入河川があるものが「湖」に分類されているのか
じゃあ流れ込む河川がないものはただの大きな水たまり？
ぐるーーーり
摩周湖
流入・流出する河川のない湖を閉塞湖（へいそくこ）と言うのよ

なぜ摩周湖は霧が発生しやすいの？

摩周湖と言えば、6〜7月にかけて発生する“霧”で有名です。霧は地表の温度が下がり、周辺の大気が冷やされることで、大気中の水蒸気が水滴となる現象。摩周湖は年間を通して水温が低いため、霧ができやすいのです。また、周囲が断崖絶壁で囲まれているので空気が溜まりやすく、一度発生した霧がなかなか晴れないのです。

外国人もビックリ!? なぜ日本の川は急流なのか?

日本列島を流れる河川の数は、河川法でとくに重要とされている一級河川だけでも1万4000近くあります。こうした河川の源流となっているのは、国土の75%を占める山地や丘陵地帯。これらの地域は多くが森林に覆われているため、河川を流れる水の供給源となっているのです。

また、日本列島に四季をもたらす季節風《モンスーン》も、河川の水の供給には欠かせません。季節風は、夏は太平洋、冬は日本海から大量の水蒸気をもたらします。そして、それぞれ夏には太平洋側、冬には日本海側に大量の雨や雪を降らせ、その水は谷や平地を流れて海に至るのです。

このように大量の水が流れる日本の川ですが、他国にはない「ある特徴」があります。それは**流れが急すぎる**こと。「流れが急」とは勢いがあるということです。ただでさえ勢いのある日本の川は、台風や大雨によって何度も氾濫してきました。川の水をどうコントロールするかは、私たちの祖先が抱えていた大きな課題だったのです。

では、なぜ治水が難しいのでしょうか。富山県の例で考えてみましょう。

明治の初め、鎖国が解かれたことで多くの外国人が日本を訪れました。彼らのなかには西欧の高度な技術や知識を持っていて、政府などに雇用された「お雇い外国人」と呼ばれる人たちがいました。

一級河川 ▶ 河川の等級のひとつ。国土交通大臣が、国土の保全または国民の経済上の観点からとくに重要だと判断した水系。国が管理している。

高所から一気に水が流れ落ちる日本の川

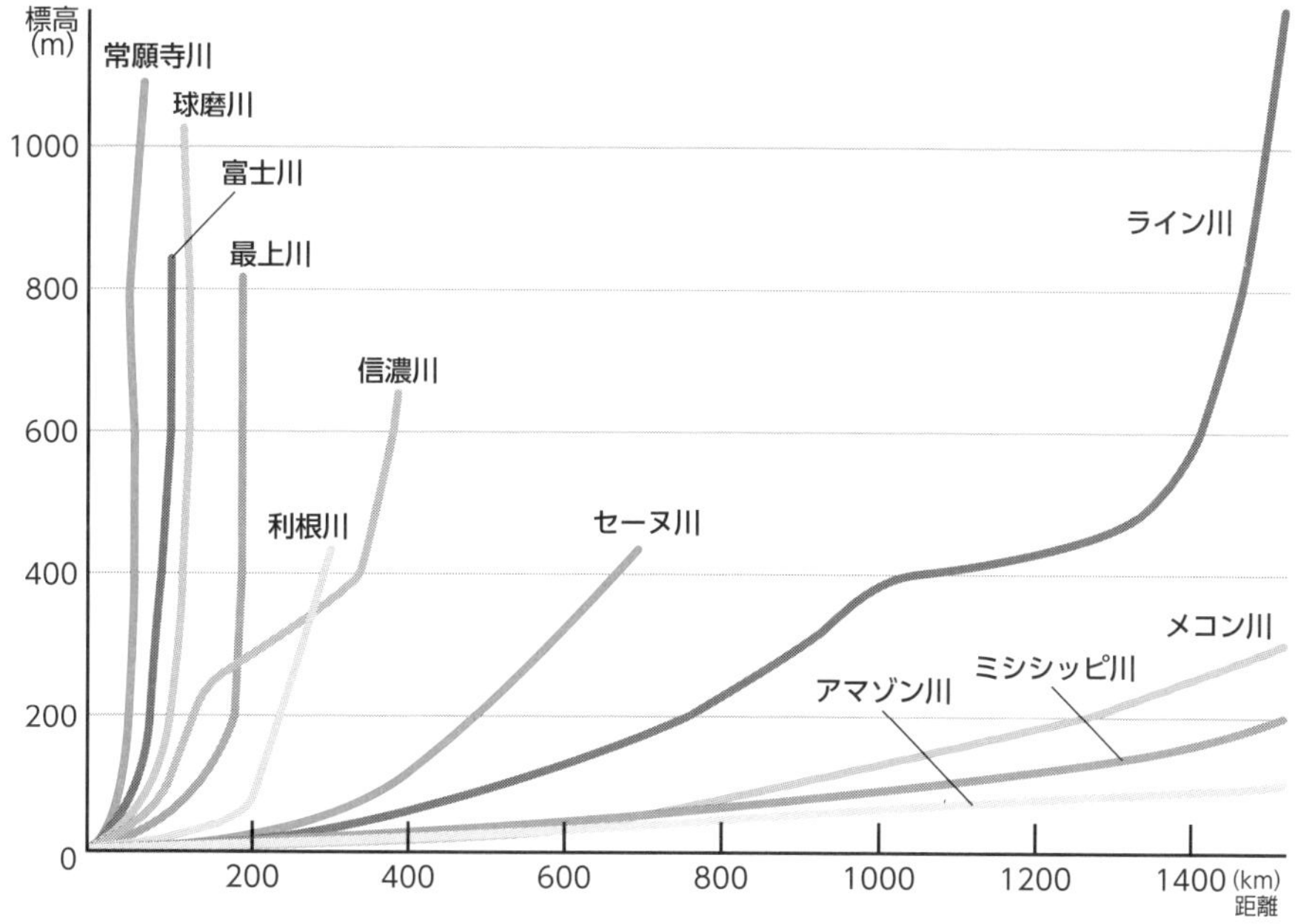
標高(m)
1000
800
600
400
200
0
200
400
600
800
1000
1200
1400 (km)
距離
常願寺川
球磨川
富士川
最上川
信濃川
利根川
セーヌ川
ライン川
メコン川
ミシシッピ川
アマゾン川

※国土交通省HP他をもとに独自に作成。

オランダ人のローウェンホルスト・ムルデルも、そのひとりです。

彼は1879年（明治12年）に土木技師として来日し、主に河川の改修や港の建設に関する調査・設計に携わりました。なかでも1883年（明治16年）に富山県の河川調査に携わったことで知られています。

富山県は山地が海に迫っており、黒部《くろべ》川《がわ》、早月川《はやつきがわ》、片貝川《かたかいがわ》、常願寺川《じょうがんじがわ》は流れが急なことで有名です。

治水の努力も行われましたが、とくに黒部川は何度も橋が流されるほど水の勢いを制御するのが難しく、「暴れ川」と呼ばれるほどでした。また、世界屈指の急流として知られる常願寺川の名は、「氾濫が起きないことを常に願う」という祈りが込められており（諸説あり）、そんなエピソードからも流れの激しさがうかがい知れます。

常願寺川の平均勾配《こうばい》（標高差／河川の長さ）は、約５％（標高差２・６㎞／河川の長さ５６㎞）。日本３大急流と言われる富士川、須磨川《すまがわ》、最上川《もがみがわ》よりも急な流れなのです。

その常願寺川より速いのが早月川。平均勾配はなんと８・３％です。立山連峰の雪解け水が激流となって河口部まで到達する早月川は、洪水が起きるたびに河口付近にまで土石流が押し寄せるほどでした。

ムルデルは、まず早月川の調査を開始しました。

早月川を見たとき、彼の口からはこんな言葉が出たそうです。

「これは川ではない。滝だ」

彼の故郷であるオランダの有名な河川と言えば、ライン川です。ライン川はヨーロッパ屈指の大河ですが、標高差１６００ｍに対して、長さが１２００㎞もあります。そのため、平均勾配は０・１％程度。もはや同じ「川」という単語で表現できないほど、早月川は彼のイメージとかけ離れていたのでしょう。

ここで挙げた川はいずれも突出した例ですが、日本の河川は総じて平均勾配が高い傾向にあります。そのため、水源近くで降った水は、積雪を除けば**平均して3日で海に流れ出てしまいます**。

だからこそ、水を溜めておくしくみは不可欠で、古くから溜め池（近年であればダム）の建設が積極的に行われてきました。一見、水資源に恵まれているように見える日本ですが、その水は滝を流れ落ちるように一気に海に流れ出てしまうのです。

「これは川ではない。滝だ」▶ 長らく土木技師ヨハネス・デ・レーケの言葉だとされてきた。デ・レーケは 1873 年に来日し、木曽川の三川分流工事に携わるなど日本の河川改修に 30 年にわたり貢献した人物。

主要都市の年間平均降水量

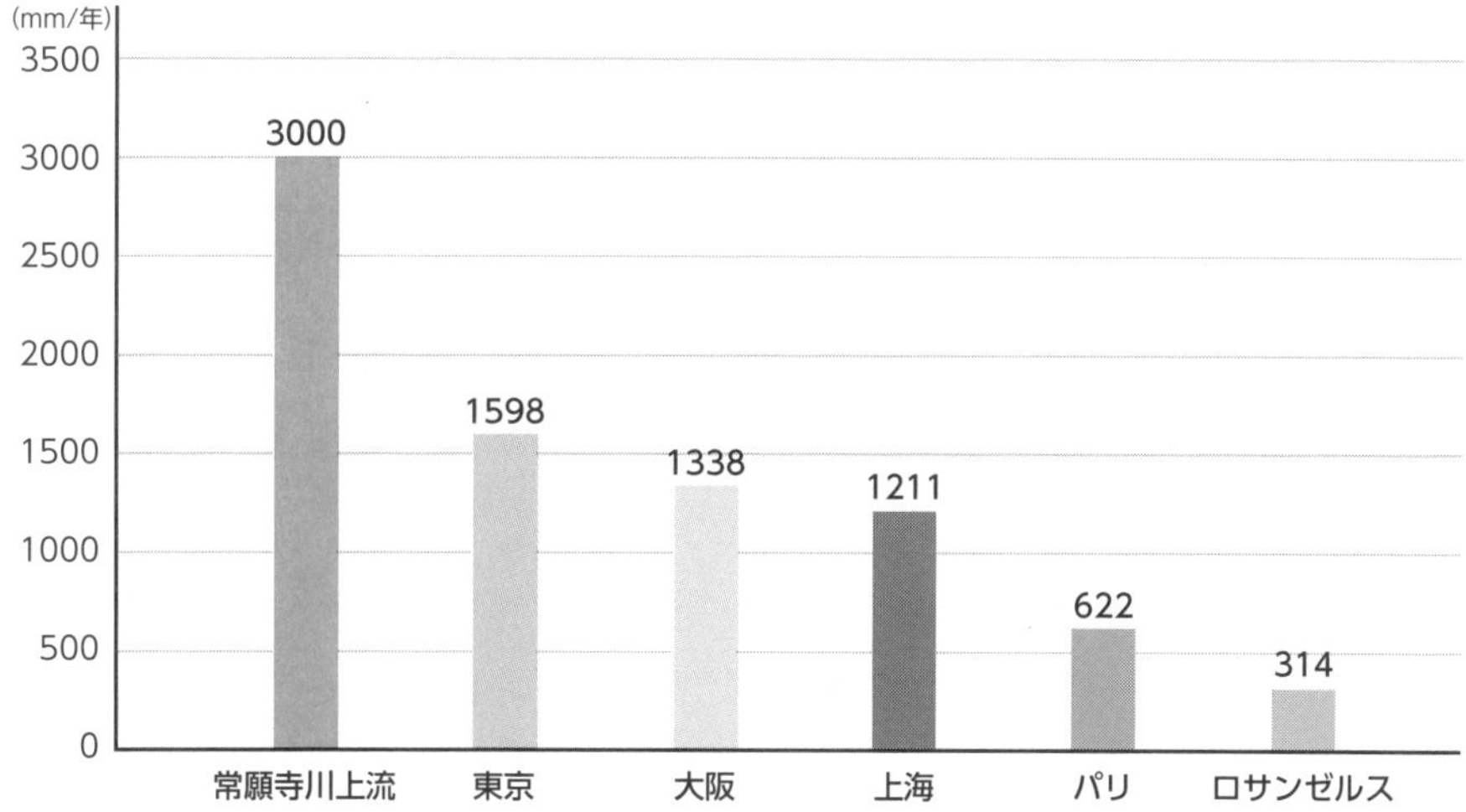
(mm/年)
3500
3000
2500
2000
1500
1000
500
0
3000
1598
1338
1211
622
314
常願寺川上流
東京
大阪
上海
パリ
ロサンゼルス

※『データブック・オブ・ザ・ワールド　2023年版』（二宮書店）、「常願寺川水系河川整備計画」（国土交通省）をもとに独自に作成

常願寺川は下流の平野部でも年間平均降水量2300㎜を超えます
これは……川じゃない滝だ！
ふむ…
水量が豊富で勾配が急だから氾濫しやすいの

日本では見られない平野があるってどういうこと？

「平野」とは、その名の通り、起伏の少ない土地のことです。よく知られているものでは、北海道の石狩平野や十勝平野、関東の関東平野、中部の濃尾平野、関西の大阪平野、九州の筑紫《つくし》平野など……。さらに、山に囲まれた盆地、山間部の谷底に横たわる谷底平野なども含めると、その数は膨大な数になります。

一方、海外に目を向けると、巨大な平野がいくつも存在します。たとえば東ヨーロッパからロシアにかけて広がる東ヨーロッパ平原の面積はおよそ４００万㎢。これは日本の総面積の10倍以上に相当します。

では、平野は、どのようにして生まれたのでしょうか。

まず、平野は**侵食**《しんしょく》**平野**と**堆積**《たいせき》**平野**の２つに分類されます。

両者の違いは、平野のできる「プロセス」にあります。

侵食平野の土台は、はるか昔、先カンブリア時代と呼ばれる約5億４０００万年前に起きた造山運動によってつくられました。

造山運動が停止してからは、風や雨によって長期にわたる侵食を受け、起伏が徐々に平坦になってい

日本で一番大きな平野はどこ？

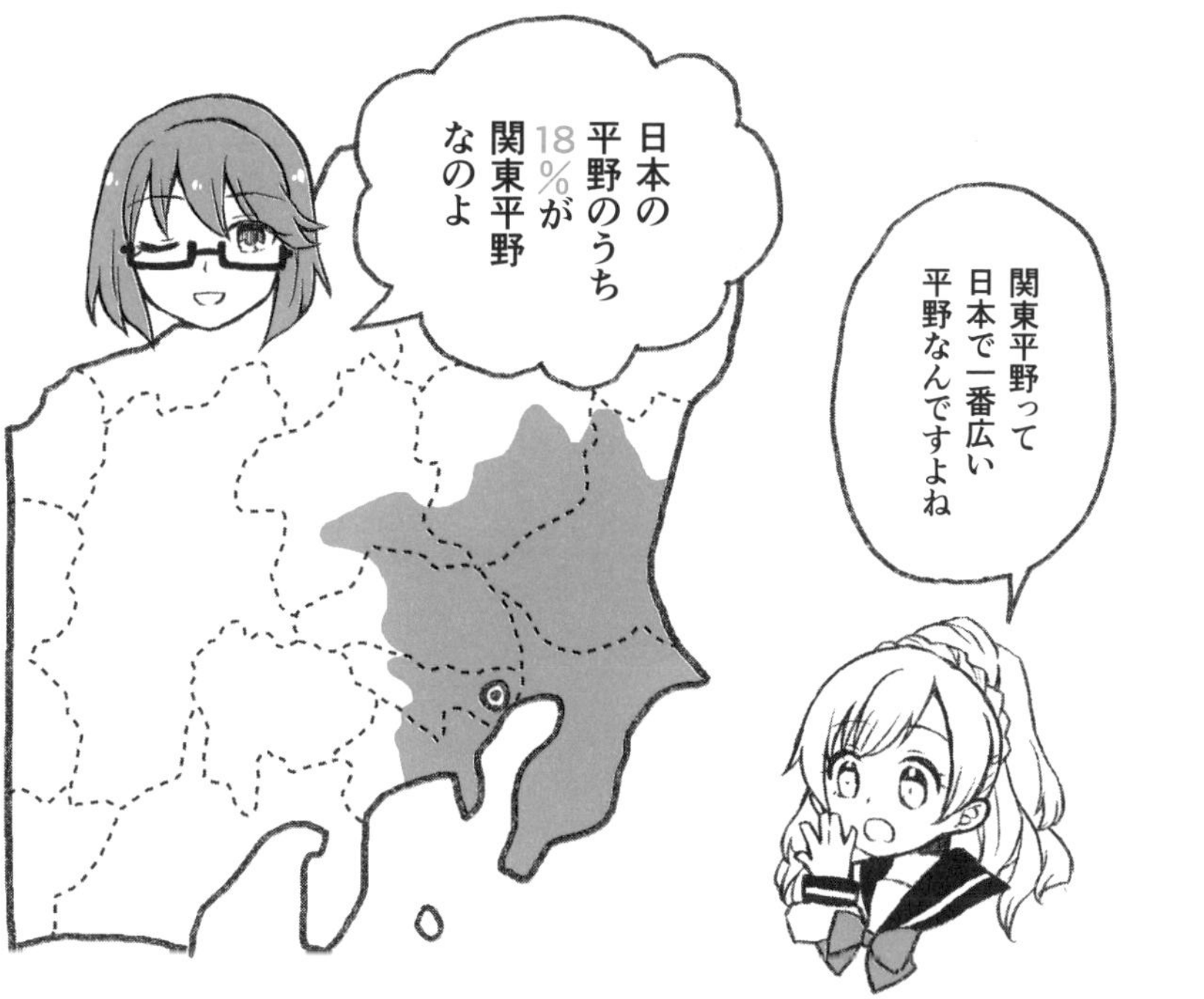
関東平野って日本で一番広い平野なんですよね
日本の平野のうち18％が関東平野なのよ

きました。そして、最終的に起伏がほぼなくなり、広大で平坦な土地が生まれます。

これが侵食平野です。

大陸の中央部を占める**安定陸塊**を構成する平野は、ほとんどが侵食平野だと考えていいでしょう。先ほど述べた東ヨーロッパ平原も侵食平野のひとつです。

ちなみに侵食平野は、地表面に露出している地層によって、**楯状地**《たてじょうち》と**卓状地**《たくじょうち》の2つに分類されます。

楯状地は、造山運動が終わってからも侵食が続いたため、古い基盤岩が露出し、断面を見ると楯を伏せたようななだらかなカーブを描いています。

そのなかでも、さらに硬い岩石が侵食されずに残った地形を残丘《ざんきゅう》（モナドノック）と言います。オーストラリアのウルル（エ

安定陸塊 ▶ 先カンブリア時代に地殻変動を受けてつくられたが、それ以降、造山運動の影響を受けないで安定している地域。

アーズロック）は、残丘の典型的な例と言えるでしょう。

卓状地は長い歴史のなかで海底に沈むなどの地殻変動を経験したため、堆積物の地層で覆われています。地層が水平に堆積して断面がテーブル状に見えることから「卓状」という名前がつけられました。

一方、侵食平野とは別の成り立ちで生まれたのが、堆積平野。

堆積平野は、河川の力で運ばれてきた岩石、礫《れき》、砂、粘土などが長い時間をかけて堆積したことによってつくられました。

河川は、傾斜が大きい場所では侵食力、小さい場所では堆積力が強くなるため、堆積平野が形成される場所はその河川の流域のなかでも限られた場所です。そのため、堆積平野は比較的規模が小さくなる傾向があります。

いわゆる平地だけでなく、洪積台地、扇状地（↓66ページ）、谷底平野など、私たちが日本国内で目にすることのできる大小さまざまな平坦な地形は、ほぼ堆積平野だと考えていいでしょう。逆に言えば、日本で侵食平野を見ることはできないのです。

このように、一口に「平野」と言っても、できた背景はさまざま。平野と言うと、一見単純な地形のようですが、その成り立ちには多くの力が作用しているのです。

洪積台地 ▶ 河川や海底の土砂が堆積した土地が、隆起したことによってできた台地。洪積世（200万年前〜1万年前）にできたことからこの名がつけられた。

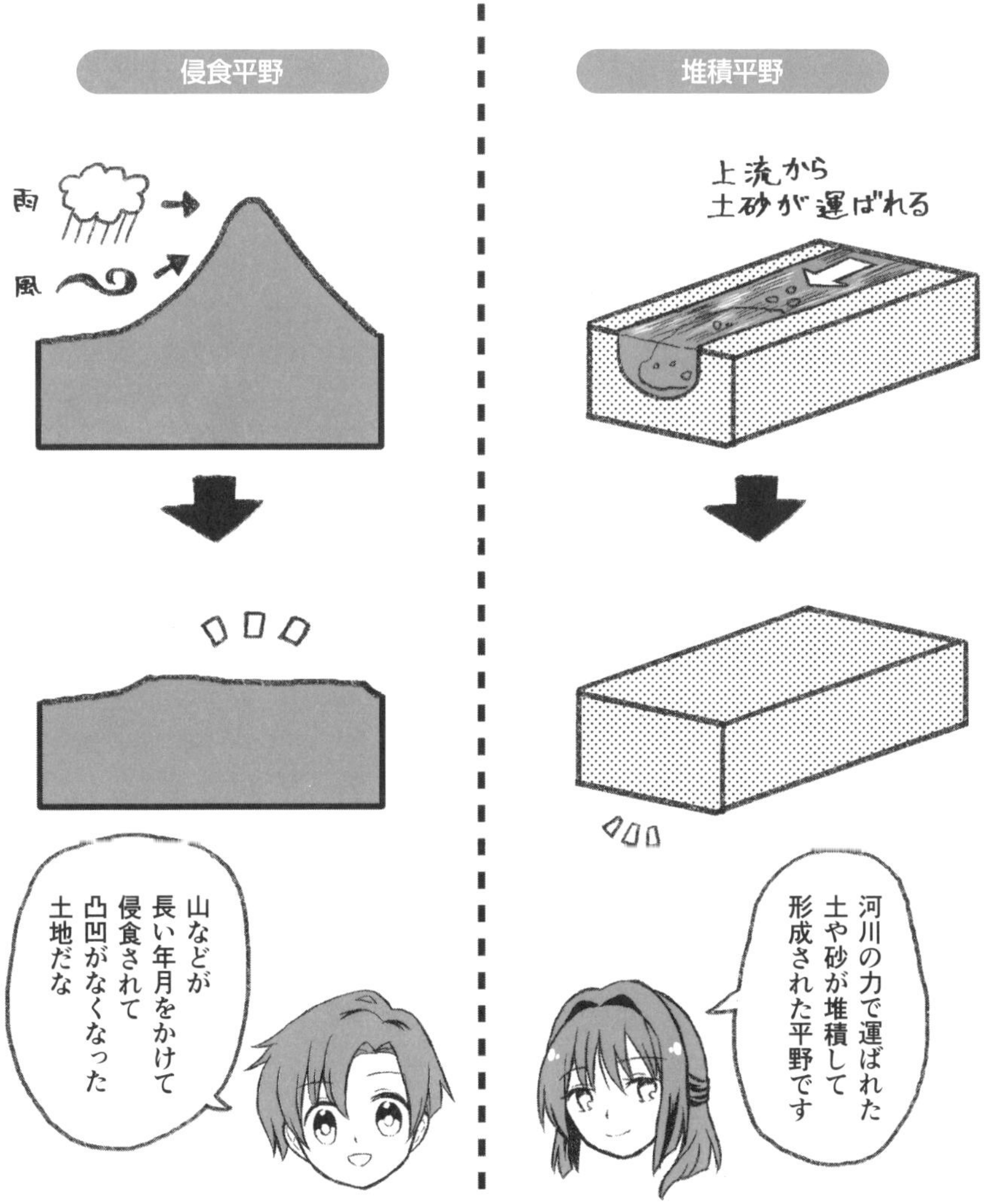
侵食平野
雨
風
山などが
長い年月をかけて
侵食されて
凹凸がなくなった
土地だな
堆積平野
上流から
土砂が運ばれる
河川の力で運ばれた
土や砂が堆積して
形成された平野です

沖積平野と洪積台地

堆積平野はさらに「沖積平野」と「洪積台地」に分けられます。沖積平野は約１万年前から現在までの間（沖積世＝完新世）に河川の氾濫などで土砂が堆積してつくられた、なだらかな地形のこと。一方、洪積台地の「洪積」は洪積世（更新世）のことで、約200万年前～１万年前の間に隆起し、その後あまり侵食を受けずに残った台地を指します。最近は、洪積台地を単に「台地」と呼ぶことも多くなりました。

列島を走る山脈の大事な役割とは？

日本列島の地形図や衛星写真を見ると、ある特徴に気づくでしょう。本州の東北地方から九州にかけて、一筋の長大な山脈が伸びているのです。日本は、この山脈を境に「日本海側」「太平洋側」に分かれています。このように、大陸や半島、島などに背骨のように走っている山脈を**脊梁《せきりょう》山脈**と言います（「脊梁」とは背骨のこと）。

脊梁山脈そのものは、それほど珍しい存在ではありません。海洋プレートが大陸プレートに沈みこんでいる場所には多く見られる地形です。たとえば、太平洋を囲むように走る環太平洋造山帯に属する大陸や半島、島々には、同じように長大な山脈が見られます。ロッキー山脈やアンデス山脈、ニュージーランド南島のサザンアルプス山脈などが、典型的な例でしょう。

脊梁山脈は、「背骨」のように陸地を貫いているだけではなく、ある役割を担っています。それは、水を異なる方向に流すこと。

「分水嶺《ぶんすいれい》」という言葉をご存じでしょうか。雨水が異なる水系に流れるときに、その境界線となる場所のことです。山岳地帯では尾根が水の境界となるため、分水嶺は山の上に位置します。

ちなみに、分かれた水が太平洋と日本海のように、異なる海域に注ぐものを大分水嶺、同じ海域に注

日本の山脈が果たしている役割とは？

背骨（脊梁）に降った雨はどうなる？
ひゃ!?!?
太平洋側
日本海側
山脈は水を別々の方向に流す役目を果たしているわけね
実演する意味あったか!?

ぐものを中分水嶺、同じ川の支流が分かれるだけのものを小分水嶺と言います。

日本の脊梁山脈の場合、その多くが本州や九州を太平洋側・日本海側に分けているため、大分水嶺に分類されます。

たとえば東北地方では、奥羽山脈が分水嶺となって、日本海側の最上川と太平洋側の北上川などに水を分けています。

一方、飛驒山脈、木曽山脈、赤石山脈の3つの山脈（日本アルプス）はフォッサマグナの西側を南北方向に走っているため、太平洋側、日本海側どちらにも川が注いでおり、中分水嶺に分類されます。

脊梁山脈を境にして分けられる太平洋側と日本海側は、気候が大きく異なります。

山地に風が吹き込むと、低い場所にある空気が強制的に上に上っていくため、雲ができやすくなります。
雲ができる＝上昇気流が発生するということですから、当然、降水・降雪が発生しやすくなります。これを地理用語では**地形性降雨**と言います。

地形性降雨は、山地の風上側では降水や降雪をもたらし、風下側には乾燥した空気を発生させます。

このことを踏まえて、太平洋側と日本海側の気候を見てみましょう。

夏には、日本列島には南東方向、小笠原諸島方面から高温多湿な風が吹き込みます。そのため、太平洋側は蒸し暑くなります。

一方、山脈を挟んだ日本海側は事情が少し異なります。山を越えるときに地形性降雨が発生し、空気に含まれる水蒸気の多くを失うため、乾燥した熱風が吹くのです。しかも、乾燥した空気は温度が上がりやすく、山を越える前より気温が高くなります。

これを**フェーン現象**と言い、夏に山形県で高い気温が記録されているのもこの現象が原因です。

一方、冬になると北西のシベリアから乾燥した極寒の風が吹きます。この風は日本海を通過する際に大量の水蒸気を巻き上げ、雲をともなって日本海側に到達します。そして大量の雪を降らせ、山を越えるのです。その結果、今度は低温で乾燥した風が太平洋側に吹くことになります。

このように、日本の背骨とも言える脊梁山脈は、日本列島を日本海側と太平洋側に分断し、その気候風土の違いを生み出す大きな原因になっているのです。

低温で乾燥した風 ▶「おろし」や「からっ風」とも呼ばれる現象。群馬県で冬に見られる強い北西風は「赤城おろし」という名でよく知られている。

夏

冬

あとから「日本」になった伊豆半島

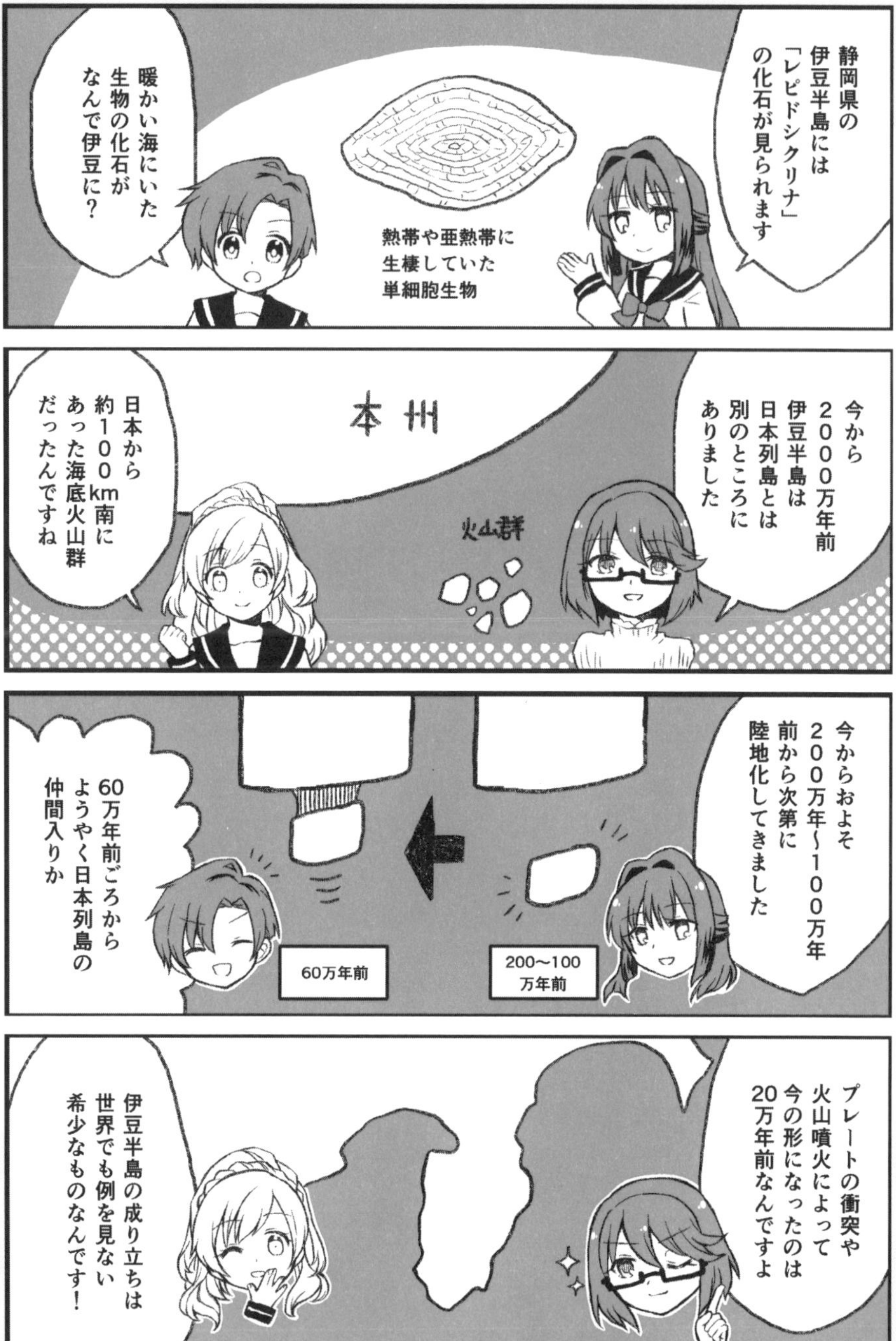
静岡県の伊豆半島には「レピドシクリナ」の化石が見られます
熱帯や亜熱帯に生棲していた単細胞生物
暖かい海にいた生物の化石がなんで伊豆に？
今から2000万年前伊豆半島は日本列島とは別のところにありました
本州
火山群
日本から約100km南にあった海底火山群だったんですね
今からおよそ200万年～100万年前から次第に陸地化してきました
200～100万年前
60万年前
60万年前ごろからようやく日本列島の仲間入りか
プレートの衝突や火山噴火によって今の形になったのは20万年前なんですよ
伊豆半島の成り立ちは世界でも例を見ない希少なものなんです！

日本の南北と東西の距離はほぼ同じ!?

日本の南北の距離は何kmかわかりますか?
最北端 択捉島
最南端 沖ノ鳥島
最北端の択捉島から最南端の沖ノ鳥島までは2787kmだ!
じゃあ東西はわかる?
最東端 南鳥島
最西端 与那国島
最東端の南鳥島から最西端の与那国島までは3146kmだよ!
そうなんです日本の南北と東西はほぼ同じぐらいの長さなのです
日本って意外と大きいんだな
日本の長さが3000kmということを知っているといろいろと比較できます
なにそれ…?
これ日本ものさしだよ!
日本からアメリカまでは約1万kmだから日本3つ分ですね!

日本の最東端と最南端を管轄するのは?

日本の最東端と最南端はどこだ?
もっとも東
もっとも南
最東端 南鳥島
最南端 沖ノ鳥島
最東端は南鳥島で最南端は沖ノ鳥島です!
ではその両方を管轄している都道府県はどこでしょう?
え!?
えっと…南にあるから沖縄県…?
正解は東京都です
東京
どちらも小笠原諸島に所属する東京都の島なんですよ
離島を管理するには交通費やインフラ整備などにお金がかかるんだ
だから資本力のある東京都の管轄になったとか

第2章

地形の成り立ち

なぜ川が消える？扇状地のミステリー

地理の用語の中には「名は体を表す」と言えるようなものにいくつも遭遇します。

その代表例が**扇状地**。扇状地は地形図や航空写真で見ると、名前の通り、山地から平地や盆地に向かって扇を広げたような形になっていることがわかります。なぜ、このような地形ができたのでしょうか。

まず、扇状地について説明をする前に必要な前提知識があります。

それが、河川の３つの作用、**侵食**、**運搬**、**堆積**です。侵食とは水や風の力で岩石や地層が削られること。川の水が岸辺の岩や川底を削り取ることがありますが、これが侵食にあたります。

運搬は、文字通り、侵食によって削られた岩石や土砂が別の場所に運ばれること。河川の水が岩石や土砂を下流まで押し流すのは、典型的な運搬作用です。

堆積は運ばれてきた岩石や土砂が積み重なること。河川の勾配が緩やかになったり川幅が広くなったりして水の流れが弱くなると、岩石や土砂が積み重なりますが、これが堆積です。

一般的には、山地を含む上流域では侵食や運搬の作用が強く、平地が多い下流域では堆積の作用が強くなります。また、粒が大きい岩石から順に堆積していくため、上流に行くほど堆積している岩石が大きくなる傾向にあります。逆に、下流に向かうにつれて粒が細かくなり、砂や**シルト**ができたあと、最

シルト ▶ 砂より小さく粘土より大きな物質。日本語では沈泥《ちんでい》と呼ばれる。

河川の3つの作用——侵食・運搬・堆積

えいっ
日本の川は流れが速いから削る力・運ぶ力も強いのね
ぎゅ〜
ばいばーい
侵食
運搬
堆積

後には粒子が細かい粘土になります。

　これらを踏まえて改めて扇状地の特徴を見てみましょう。

　扇状地は山間に走る谷の出口につくられる地形です。

　山間の谷を流れる河川は、両側が切り立った崖になっており、狭い範囲を「急流」となって流れ下ります。そのため侵食や運搬の作用が強く、比較的大きな岩石も押し流されていきます。

　河川が谷の出口に差しかかると、両側にあった崖が消滅し、川幅が広くなります。さらに、山地から平地に出たことで勾配が急に緩やかになり、水の勢いが一気に落ちます。その結果、川の流れとともに運ばれてきた比較的大粒の岩石がその場に取り残されるのです。

つまり、扇状地は比較的粒の大きな岩石が谷の出口に堆積した地形だと考えることができます。この堆積した岩石が上空から見ると扇形に見えることから、「扇状地」と呼ばれているのです。

扇状地には比較的大きな岩石が堆積しているため、**河川の水が地下に染み込んで見えなくなります。**このような川を水無川《みずなしがわ》と言います。ちなみに、地下に浸透した水は伏流水《ふくりゅうすい》となり、やがて平地で湧き水としてしみ出てきます。

扇状地の中央部では水の確保が難しいことから、集落がつくられることはほとんどありませんでした。代わりに、中央部で古くから行われていたのが、蚕《かいこ》の餌になる桑の木の栽培。扇状地付近で養蚕が盛んだったのは、こうした事情があったからなのです。

近年、扇状地では果樹栽培が盛んになっています。果樹栽培で山梨県や長野県、山形県といった山がちな地域の名前をよく聞くのは、扇状地が多いことが関係しています。

果物の名産地を訪れた際には、周囲の景色をよく眺めてみてください。片方に山地、もう片方に平野が広がる、緩やかな傾斜地になっていることが多いでしょう。その場所は、空から見ると、きれいな扇形の地形になっているはずです。

水無川って言うけど……
扇状地の上流を流れていた水はどこに行ったんだ？
果樹園
湧き水
基盤岩
伏流水となって地中に潜り平地で湧き水として出てきます

リアス海岸で養殖漁業が盛んな理由とは？

リアス海岸は、東北地方の三陸海岸や三重県の志摩半島などに見られる地形です。上空から見ると**ノコギリの歯のように入り組んだ海岸線**を持ち、山地が入り江の海岸線ギリギリにまで迫っているのが特徴です。

「リアス」という呼称は、スペイン北西部のガリシア地方にある海岸の名前が由来になっています。ガリシア語では「入り江」のことを「ria（リア）」と言い、ガリシア地方の海岸には「リアス・アルタス」「リアス・バハス」など、入り江を指す地名が数多くあります。その名前に由来して、ドイツの地理学者**リヒトホーフェン**が名付けたのがリアス海岸の始まりです。

ガリシア地方の入り江は漁業が盛んなだけでなく、美しい景観から観光地としても名高い場所です。日本と同じように多くの「海女《あま》さん」が漁業に携わっています。そう言えば、日本の三陸海岸や志摩半島もガリシア地方とよく似ていて、漁業が盛ん。風光明媚な観光地であることも共通しています。では、このユニークな地形はどのようにしてできたのでしょうか。

リアス海岸は「沈水海岸」の一種です。

リヒトホーフェン ▶ ドイツの地理学者。「リアス海岸」の他にも、ユーラシア大陸を結ぶ東西交易路を「シルクロード」と命名したことで有名。

日本にある主なリアス海岸

美しい景観から
観光地としても
人気ね
漁業も
盛んなんですよ
三陸海岸
若狭湾
志摩半島
大村湾
宇和海沿岸

地殻変動によって陸地が沈んだり、気候変動によって海面が上昇したりすることで、海岸線近くにある垂直な谷に海水が侵入すると、ノコギリの歯のようにギザギザに入り組んだ海岸線ができます。

この谷は河川の侵食作用でつくられます。河川は大地を下へと侵食していく作用が強く、傾斜が急な「V字谷」をつくります。このV字谷に海水が入り込むと、リアス海岸が形成されるのです。

また、このような構造になっているため、リアス海岸は波打ち際から急に深くなるという特徴があります。

ちなみに、氷河が削った谷は断面図がU字になるため「U字谷」と呼ばれ、リアス海岸よりもさらに湾が断崖絶壁になります。そこに海水が入り込んだものが**フィヨルド**です。

フィヨルド ▶ 氷河で削られた谷に海水が侵入してできた湾。当初は海に迫る入り江が多い地形全般をリアス海岸と呼んでいたが、その後、氷河によってできたものをフィヨルドと呼んで区別するようになった。

このような深い入り江は、波が静かで座礁の危険が少なく、船が安全に航行・停泊できることから古くから天然の良港として重宝されてきました。

また、河川の流れによって上流の森林地帯から豊かな栄養分が流れ込むことや、背後が険しい山地であることから市街地や工業地域ができにくく水質が一定に保たれることなどから、**養殖漁業**が盛んに行われてきました。

三陸海岸では、ワカメ、カキ、ホタテ、サケといった多彩な海産物を養殖していますし、志摩半島の英虞《あご》湾は、現在主流になっている真円真珠の養殖発祥の地です。

1905年（明治38年）に確立された真円真珠の養殖技術は、日本産の養殖真珠が世界のシェアを塗り替えるきっかけとなりました。大量生産によって真珠の価格が大きく値下がりした結果、それまで天然真珠の一大産地であったバーレーンやクウェートは大打撃を受け、その後の油田の発見まで経済的不況に苦しむことになったのです。

ちなみに、かつての教科書や教材には、リアス「式」海岸と表記されていました。

ところが、先述の通りria（リア）は「入り江」を表しているため、「式」を入れる必要はないだろうという判断から、2008年以降、「リアス海岸」と表記されるようになったのです。

ノコギリのようなギザギザの海岸線をどう呼ぶかで、世代がわかってしまうかもしれません。

地殻変動で陸地が沈んだり
気候変動で海面が上昇すると……

日本の意外な場所に「砂漠」があった！

四季に恵まれ、降水量も比較的多い国、日本――。

この国と「砂漠」という単語は、あまりにも縁遠いもののように感じます。

砂漠と言えば、サハラ砂漠のように、砂や岩に覆われて乾ききった大地がどこまでも続く絵を思い浮かべる人が多いはず。そして、そんな場所は日本中どこを探しても存在しなさそうです。

しかし、本当にそうでしょうか。

全国をくまなく調べてみると、「それらしい場所」がいくつかあります。


ところで、そもそも砂漠とはどのような場所を指すのでしょうか。

一般的には、「砂漠＝降水量が少ない地域」というイメージがあります。

このイメージは正しく、地理の気候区分では**年間降水量250㎜未満**が砂漠気候かどうかを判断するひとつの基準になっています。

日本の年間降水量の平均はおよそ1700㎜で、砂漠気候の基準から見ると、かなり多め。

降水量が比較的少ないと言われるのが冷涼な北海道ですが、なかでも「日本一雨が少ない」と言われる北見市の年間降水量はおよそ700㎜。250㎜と比べると、それでもかなり多いことがわかります。

年間降水量 250mm 未満 ▶ 乾燥限界（乾燥気候と湿潤気候の境界）の目安が 250mm のため。厳密な計算式があるが、複雑なため本書では省略した。

砂漠と聞いて連想するのは……

砂丘と言えば鳥取砂丘だよな！
らっきょう
ナシ
実は意外と降水量が多いのよね

しかし、砂漠の条件は降水量だけではありません。もうひとつ重要なのが**蒸発量とのバランス**です。

降水量が少なくても、「気温が低い」「日照が少ない」などの条件があると、地面から あまり水分が蒸発しません。そうなると、地面は潤っている状態になるため、砂漠にはなりづらいのです。

したがって、蒸発量が降水量を上回ることが砂漠の条件と言われています。

「蒸発量が降水量よりも多いなんて、そんなことあり得るの？」と疑問に思う人もいるでしょう。

実は、とくに不思議な現象というわけではありません。雨があまり降らない土地でも、周辺から**地下水**として流れ込んできた水が蒸発している例もあるからです。

もうひとつの条件は「植物がほとんど存

地下水 ▶ 砂漠の中にあるオアシスは周辺地域から流れ込んできた地下水が湧き出したもの。

在しない」というもの。

地理では世界の気候を植生（どのような植物が生育しているか）によって5つに分ける「ケッペンの気候区分」という分類があります。その中で、砂漠気候には「乾燥に強い植生がごくわずかだけ見られる」という基準があります。これなら、条件をクリアする場所が見つかるかもしれません。


観光地としても有名な「鳥取砂丘」は、見た目からしても砂漠そのもの。ラクダツアーがあるだけでなく、乾燥地農法のらっきょうや二十世紀梨の栽培でも有名です。

しかし、鳥取砂丘の降水量は意外と多く、景観維持のための除草作業が必要なほど。自然そのものの姿は実は砂漠とは程遠いものです。では、他にないのかと探してみると……。

ありました。

その場所は、なんと東京都です。

伊豆大島の北東部に広がる荒涼とした土地で、その名を**裏砂漠（奥山砂漠）**と言います。国土地理院の地図にも「砂漠」と分類されていますから、国のお墨付きです。

伊豆大島は火山島であり、その象徴である三原山は何度も大きな噴火を起こしています。噴火の際に地中からあふれ出した溶岩は植物を焼き尽くし、真っ黒い火山岩《スコリア》となって大地を覆い尽くしました。

この地には今も植物がほとんど生育しておらず、ただ、強風が大地を駆け抜けていくだけ。

遠く響くのは海鳥の鳴き声のみで、その光景はまさに「砂漠」そのものなのです。

日本に砂漠なんてないんじゃ？
ここにあります！
東京
伊豆大島
東京じゃん!!
国土地理院の地図にも〝裏砂漠〟と書かれているわ

▼伊豆大島の「裏砂漠」。三原山から噴火した火山岩が一面に広がる。

日本三景 天橋立／松島／宮島はなぜできた？

日本には、日本3大夜景（函館、神戸、長崎）、日本3大河川（信濃川、利根川、石狩川）、日本三霊山（富士山、立山、白山）など、「3大○○」と呼ばれるものが多くあります。なかでも有名なのは、古くから美しい景観として知られてきた「日本三景」でしょう。日本三景とは、京都府の天橋立《あまのはしだて》、宮城県の松島、広島県の宮島（厳島《いつくしま》）の3つを指します。

そもそも「日本三景」という言葉は江戸時代前期に文献上で見られるようになった言葉で、共通点としてはすべて海に面した景勝地であること。そして、それぞれが独特の海岸地形を有していることです。

京都府の**天橋立**は、「天に向かうはしご」という名前の由来（諸説あり）が表すように、全長約3・6kmの長い砂浜と、約5000本の松並木が美しい景勝地。この砂浜が外海（宮津湾）と干潟《ラグーン》（阿蘇海）を仕切っているのが特徴です。

天橋立の地形は、分類上「砂州《さす》」にあたります。

砂州とは、その名の通り、砂でできた州（島、陸地の意）のこと。

河川が運んできた砂や泥が河口から沖にせり出し、その先端が対岸と完全に、あるいはほとんどつながった状態の地形を指します。

日本三景の共通点とは？

共通点？
世界遺産に認定
されているのは
厳島神社（宮島）
だけだし……
実はカキ！
それぞれの土地で
古い養殖の
歴史があるんです
私も
食べたい…

また、砂が本土部分と片方だけ接している地形が砂《さ》嘴《し》。飛び出た部分が鳥のくちばし（嘴）に似ていることから、この名前がつけられました。

天橋立が絶景だとされる理由は、やはり**砂州の美しさ**でしょう。一般的な砂州に比べるときれいな直線になっていて、まるで何か超自然的な力で橋が架けられたようになっているのです。

砂州は東から流れ込む宮津湾の海流と、阿蘇海に注ぐ野田川の流れがぶつかって形成されたのですが、両者の流れの強さがほぼ釣り合っていたため、まっすぐに土砂が堆積したのです。

また、野田川から運ばれてきた土砂と、宮津湾の海流にのって運ばれてきた砂がいずれも大量だったことで、砂州の規模が巨大になりました。

さらに、砂州に立ち並ぶ松並木もよく考えれば奇妙な存在です。松は「水」をどこから取り入れているのでしょうか。

実は、砂浜の地下には比重が異なる海水と淡水が混ざり合うことなく存在しているのです。


松島は仙台湾の中央部に位置する松島湾一帯のこと。湾内には「八百《はっぴゃく》八島《やしま》」と称されるように、大小さまざまな島が浮かんでいます。このように、たくさんの島が浮かぶ場所を**多島海**と言います。

松島はもともと松島丘陵という山地が海に沈んでつくられたリアス海岸でした。それが、さらにてっぺんを残して海面下に水没してしまったことで、今のような地形がつくられました。

つまり、現在「島」になっている部分は、かつては**山や丘の頂上部分**だったのです。

この地は長い年月をかけて自然の影響を受けてきました。ときには、暴風雨によって一夜で島が消滅するような激しい変化もあったようです。

松島丘陵はとくに侵食に弱い岩石（砂岩）で構成されているため、風雨の侵食によって、島が独特の形に変化しました。その特異な景観こそ、松島が「日本三景」に選ばれている大きな理由なのです。

2011年に起きた東日本大震災では、松島にも大きな津波が押し寄せました。

しかし、松島湾は水深が浅いため、津波の勢いが削がれたようです。さらに、湾内の島々が防波堤の役目を果たしたことで、被害がかなり軽減されました。

多島海 ▶ 長崎の九十九島や瀬戸内海なども多島海。海外ではエーゲ海が典型的な例。

砂嘴と砂州

砂嘴
砂州
ラグーン
運ばれた砂が本土部分と片方だけ接する地形が砂嘴で……
砂嘴が対岸まで届いて湾と外海を隔てたものが砂州です

松林の下にある不思議

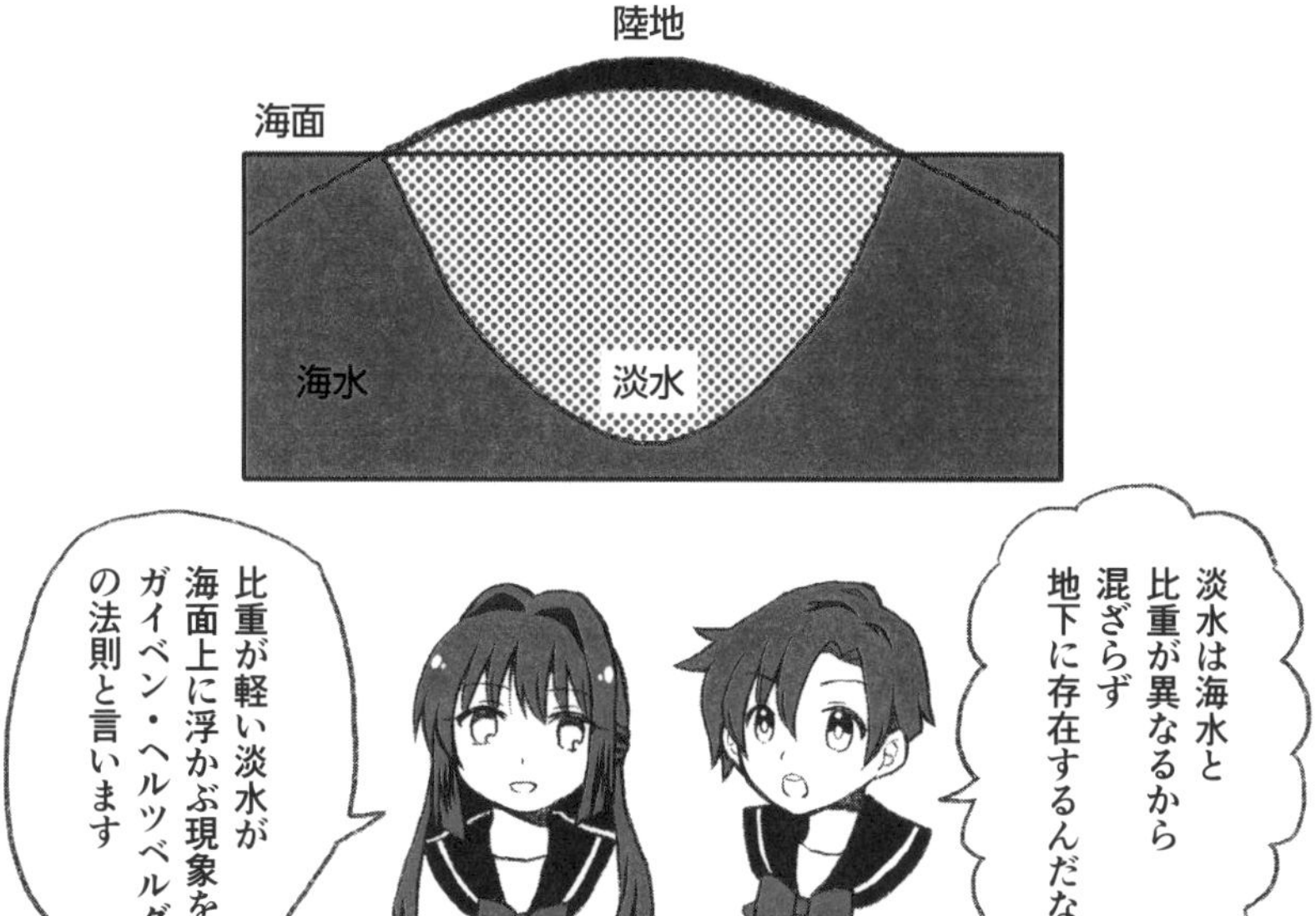
陸地
海面
海水
淡水
淡水は海水と比重が異なるから混ざらず地下に存在するんだな
比重が軽い淡水が海面上に浮かぶ現象をガイベン・ヘルツベルグの法則と言います

最後は、広島県の**宮島**。海にそびえるようにして立つ、大鳥居を思い出す人も多いでしょう。厳島という別名もあるこの島は侵食に強い花崗岩《かこうがん》でできていて、島自体が御神体として祀《まつ》られています。シンボルとも言うべき大鳥居は、宮島と対岸の大野の間にある狭い海峡「大野瀬戸」に建てられています。大野瀬戸の幅はとても狭く、最も狭いところでは300mほどしかありません。

また、宮島は標高500m級の山と深い谷を擁する独特の地形になっています。そのため、瀬戸内気候に属しているものの、冬になれば雪が降り、寒風が吹き下ろします。

また、はるか昔、古墳時代から**神聖な土地**とされてきたことから、人の手がほとんど入っておらず、原初の風景が数多く残っています。これらが宮島に神秘的なイメージを与えているのです。

それぞれが異なる成り立ちと魅力を持つ日本三景は、1000年以上前から名勝として人々に愛されてきました。しかし、近年は周辺の環境が大きく変化し、その景観は保護の対象となっています。

どうすれば日本三景の美しい風景を後世に残していけるのか――。

私たちは、この問題の解決策を真剣に考えていかなければならないのです。

松尾芭蕉も魅せられた絶景

この島
もともとは
山頂
だったのよね
松島は
松尾芭蕉が
歌に詠んだことが
あるんですよ
島々や
千々に砕けて
夏の海

海に立つ鳥居の意味は？

どうして
海の中に
鳥居を
建てたの？
宮島は島全体が
神聖な場所なの
木を切ったり
土を削ったりして
ご神体を
傷つけないためよ
?!

本土と砂で地続きに!? 函館山がたどった運命とは?

浜辺から海の方を眺めると、遠くに見える水平線だけではなく、海岸沿いにある独特の地形を目にすることがあるでしょう。

日本は川の流れが速いため、上流から大量の砂や粘土が運ばれてきます（↓50ページ）。

また、4つのプレートがせめぎ合う場所にあるため、地殻変動が激しいという特徴もあります。

こうした理由から、ユニークな海岸地形が生まれやすい環境になっているのです。

なかでもとくに異彩を放つ地形と言えば、**陸繋島**《りくけいとう》でしょう。


陸繋島は、沖合にある島と本土部分が砂によってつながったもの。

両者をつなぐ砂地は、陸繋砂州《りくけいさす》、またはトンボロと言われます。

トンボロはラテン語で「土手」という意味のtumulus（テューミュラス）が語源で、その名の通り土手のように盛り上がった状態で本土と島をつないでいます。

陸繋島の代表的な例は、日本では北海道函館市の函館山、神奈川県藤沢市の江の島、福岡県福岡市の**志賀島**《しかのしま》など。海外では世界遺産にもなっているフランスのモン・サン・ミッシェルやイベリア半島のジブラルタルなどが該当します。

志賀島 ▶ 漢委奴国王の金印が出土したり、蒙古襲来の戦地になったりと、日本史でもたびたび登場する地名。

砂州で陸続きになった志賀島

志賀島で出土した金印
福岡県の博多湾にある志賀島も陸繋島のひとつです
ここは江戸時代に漢委奴国王の金印が出土したことでも知られているわ
博多湾
博多

では、このうち函館山についてくわしく見ていきましょう。

函館山は、およそ100万年前の海底火山の噴火により形成された火山島です。その後もたびたび噴火を起こし、長い時間をかけて侵食された結果、現在の標高334m、全周約9kmの島となりました。

函館山と一口に言っても、実際には御殿山、薬師山など13の山々が連なっており、それはかつての火山活動の痕跡でもあります。噴火などの活動の影響で、一時はつながっていた本土（北海道）と切り離され、孤島になっていたこともありました。

その後、函館山本体や周囲から流れ込んだ土砂が堆積することで「砂州」が形成され、現在の姿となりました。今からおよそ

5000年前、縄文時代中期頃のことです。

当時の函館市付近には、大規模な集落があったと見られています。周辺から500棟以上の竪穴式の建物群や各種石器、土器などが出土しているからです。これらの出土品から、当時の人たちが盛んに漁労を行っていたことがわかっています。

江戸時代以降、函館山周辺は、松前、江差《えさし》とともに「松前三湊《まつまえさんそう》」と称される良港として栄え、江戸幕府の蝦夷地《えぞち》（北海道）統治の中心都市として栄えました。

函館港は函館山と陸繋砂州がつくり出した奥行きの深い湾を持つため、船の停泊に最適だったのです。

なお、函館山は、陸繋島であることから陸路による物資の運搬が容易であること、また、周囲を一望できる場所であることから、近代以降は**要塞**《ようさい》として利用されました。一時は軍事機密として地図から姿を消したこともあります。

戦後は眺望の良さを活かして函館山の山頂に展望台がつくられました。ここから見える夜景は美しく、世界3大夜景（函館、香港、ナポリ）のひとつとされています。

このように、天然の良港として利用されるだけではなく、軍事要塞や観光地など、さまざまな用途で使われてきた函館山。地形の成り立ちを知っておくと、観光の際の楽しみが増えるかもしれません。

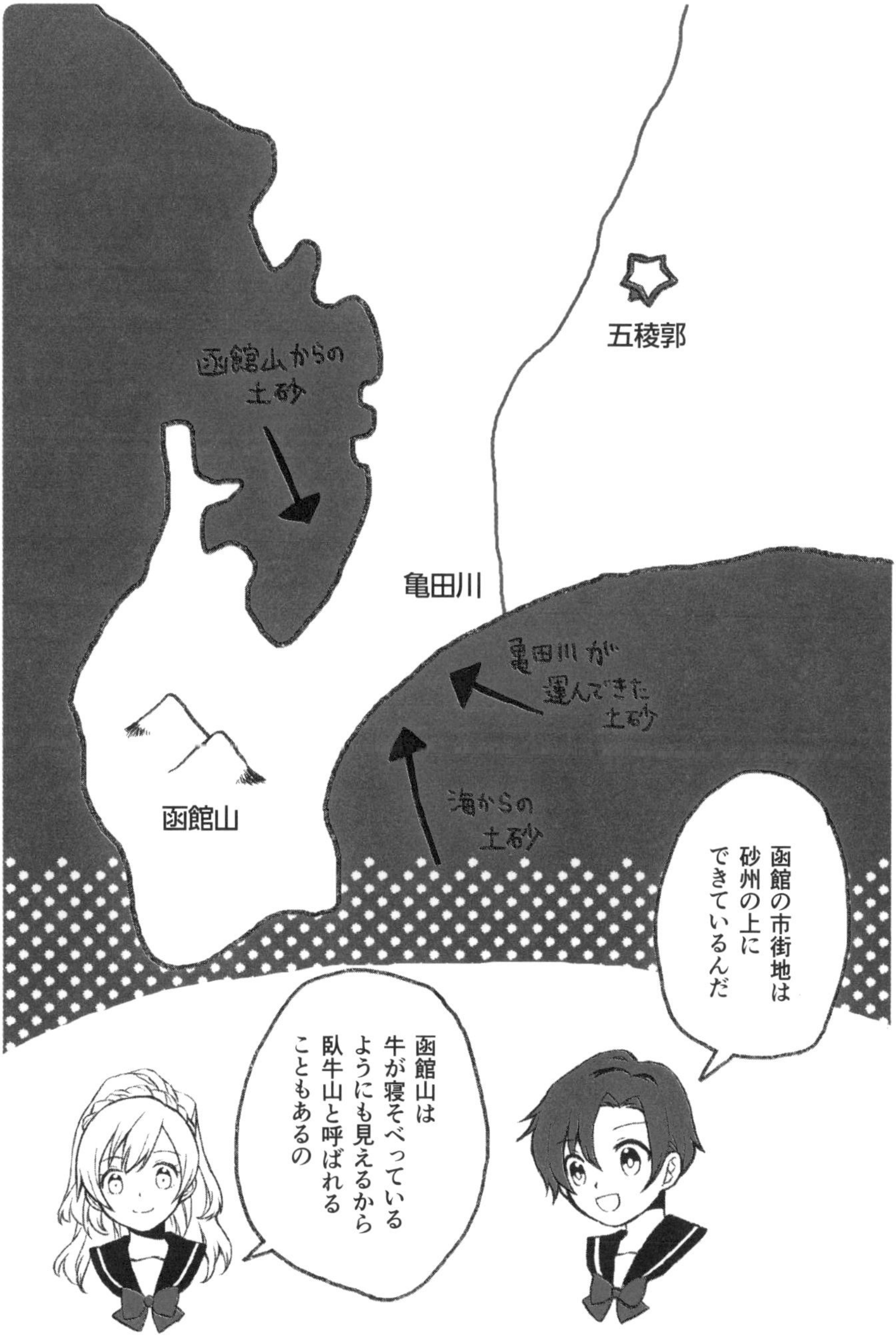
五稜郭
函館山からの土砂
亀田川
亀田川が運んできた土砂
函館山
海からの土砂
函館の市街地は砂州の上にできているんだ
函館山は牛が寝そべっているようにも見えるから臥牛山と呼ばれることもあるの

北アルプスで「氷河」が発見された！

ケッペンの気候区分（↓76ページ）には、年間を通して極めて寒冷な気候帯として「氷雪気候（ＥＦ）」という分類があります。この気候帯で見られる「特有のもの」と言えば何かおわかりですか？

そう、**氷河**です。

氷河は、通常私たちが目にする「積雪」とはまったく異なるものです。

では、この2つには、どんな違いがあるのでしょうか。

通常の積雪は次のシーズンまで残っていることはまずありません。気温が上がれば解けてしまうからです。

ところが、夏季でも気温が低い地域では翌年まで残る雪があります。このように、年単位で残る雪のことを**万年雪**と言います。

「万年雪」と言っても、まったく雪が解けないわけではありません。大抵の地域では表面や地表に接している部分がゆっくりと解けて、そこに新たな雪が積もるというプロセスを繰り返します。

そのため、見た目には変わっていないように見えても、数年、あるいは数十年の間にすべての雪が入れ替わるのです。

氷河 ▶ 氷河の内部には新雪だったときの空気が気泡として残されている。氷河氷の厚さが2000mを超える南極大陸では氷の深い部分から太古の地球環境を調査する試みが行われている。

大陸氷河と山岳氷河

氷河って南極やグリーンランドにある巨大な氷でしょう?
大陸氷河と呼ばれるものね
標高が高い山には山岳氷河というものがあるわよ
ズダーン

一方、氷河の場合、解ける雪の量は万年雪と比べるとごくわずか。しかし、そのぶん、氷塊が大きく成長していきます。

底部の雪は上からの圧力で押し固められ、極めて密度の高い氷になります。

この氷の塊が大きくなっていくと摩擦で同じ場所に留まっていられなくなり、低い場所に向かってゆっくりと滑り出します。

スピードは遅くても、河のように流れている氷塊なので「氷河」と呼ぶのです。

氷河ができるかどうかは、雪が積もる量と解ける量のバランス次第。

大量に雪が降る場所であれば、多少気温が高くても、積もる量が解ける量を大幅に上回るため、氷河が形成されます。代表的な例がニュージーランド南島にあるフランツ・ジョセフ氷河などの「温帯性氷河」で、氷河が標高の低いところまで進出しています。

ただし、緯度や標高の高さなど降雪量以外にも厳しい条件があり、それらがクリアされなければ氷河は簡単には形成されません。そのため、これまで日本には氷河は存在しないと考えられてきました。

ところが、最近になって、「氷河」が発見されたのです。

それは、北アルプスの立山連峰にある雄山《おやま》（３００３ｍ）東面の御前沢《ごぜんざわ》、そして剱岳《つるぎだけ》（２９９９ｍ）東面の三ノ窓と小窓にある氷雪体です。

２０１２年の調査によって、この３つの氷雪体は「氷河」であることが確認されました。その結果、極東地域ではカムチャッカ半島が南限とされていた氷河の分布が一気に南に移動したのです。

それまで「日本に氷河などあるわけがない」という見方が圧倒的だったので、この発見は大きな驚きとともに受け止められました。３つの氷雪体は**世界で最も温暖な場所にある氷河**として認められ、現在も調査が進んでいます。

立山連峰の氷河は、世界中の氷河のなかでも比較的容易にアクセスできるものです。

もし、ご自身の目で「氷河」を見てみたいと思われたのなら、訪ねてみてはいかがでしょうか。

氷河ってどうやってできるの？

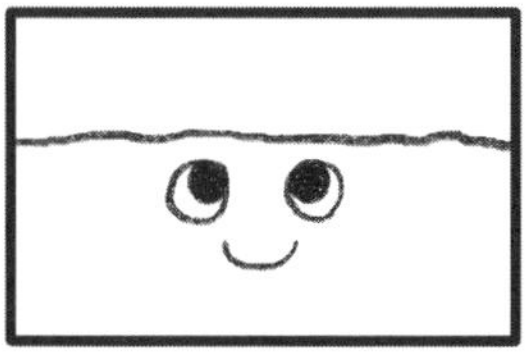

❶夏季でも気温が低い地域では
雪が解けきらずに残る。

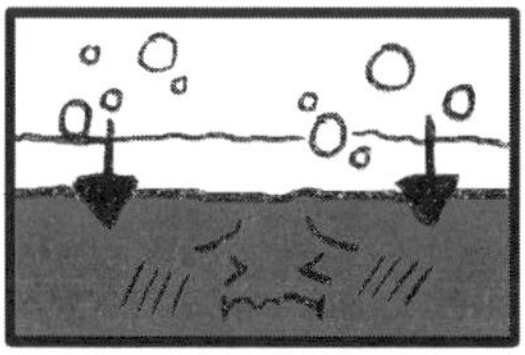

❷降り積もった雪が圧力で固められて
大きな氷塊になる。

動いた！
ズズズ…

❸氷塊の重量により標高が
低い場所へ移動していく。

日本一小さい山と日本一短い川

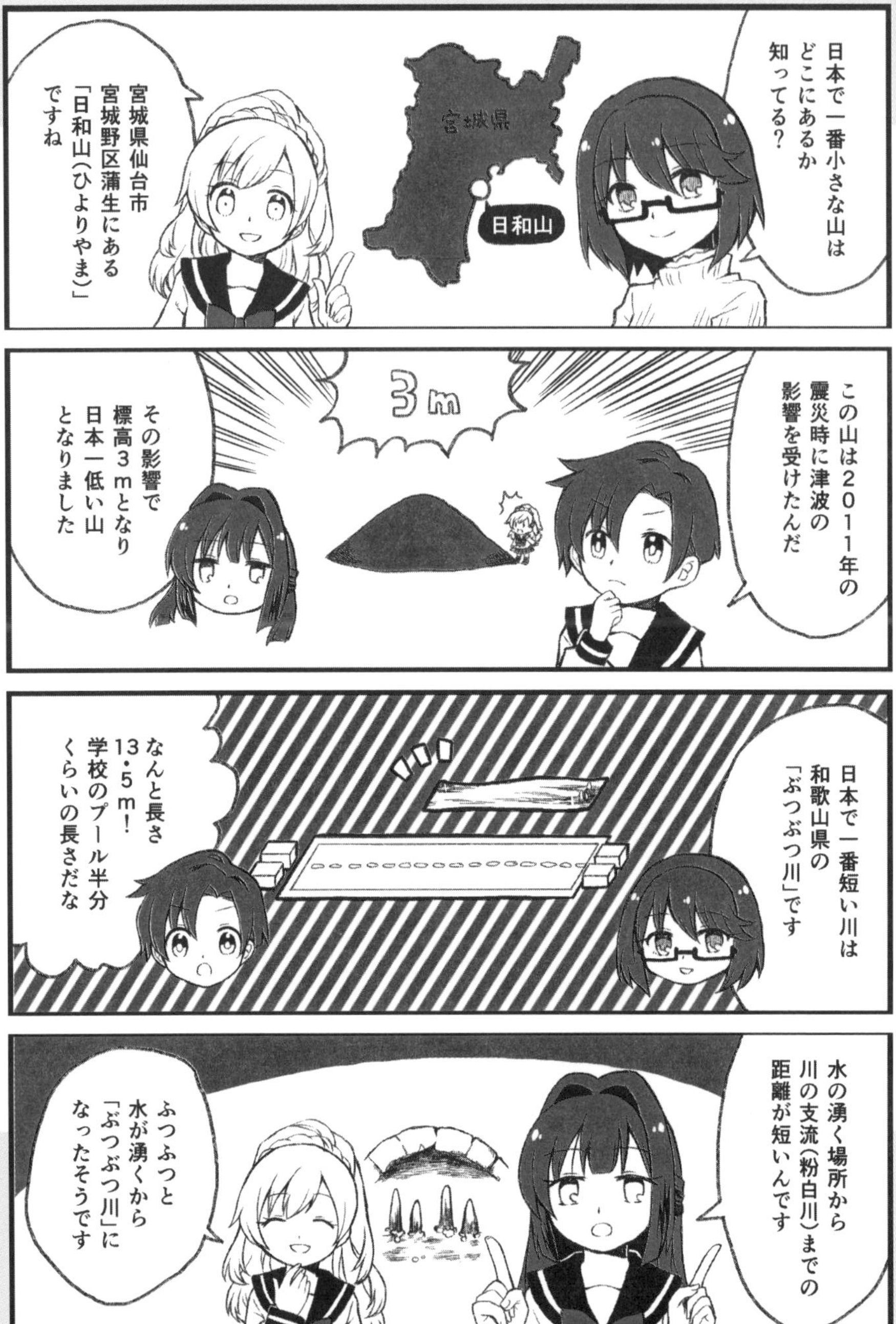

日本で一番小さな山は
どこにあるか
知ってる？
宮城県
日和山
宮城県仙台市
宮城野区蒲生にある
「日和山(ひよりやま)」
ですね
この山は2011年の
震災時に津波の
影響受けたんだ
3m
その影響で
標高3mとなり
日本一低い山
となりました
日本で一番短い川は
和歌山県の
「ぶつぶつ川」です
なんと長さ
13・5m！
学校のプール半分
くらいの長さだな
水の湧く場所から
川の支流(粉白川)までの
距離が短いんです
ふつふつと
水が湧くから
「ぶつぶつ川」に
なったそうです

第3章

気候と災害

日本の気候はなぜこんなに複雑なの？

世界にはさまざまな国がありますが、日本ほど多様な気候が存在する国はありません。

日本の国土は南北幅３０００㎞に渡って広がり、最北端の択捉島《えとろふ》はおよそ北緯45度33分、最南端の沖ノ鳥島はおよそ北緯20度25分にあります。

択捉島がある地域は一般的に冷涼な**冷帯気候**ですが、一方の沖ノ鳥島は常夏の**亜熱帯気候**に属しています。これだけを見ても、日本の気候帯がいかに幅広い範囲にまたがっているかがわかるでしょう。


日本の気候は、地域によって大きく6つに分けることができます。

まずは北海道。夏は短くて涼しく、冬は長くて厳しいのが特徴です。降水量が少なく、梅雨や台風の影響をほとんど受けません。

本州や九州の日本海側は、冬の降水量が非常に多く、山麓は豪雪地帯です。

本州・四国・九州の太平洋側は、夏は蒸し暑く、冬は乾燥します。

日本アルプスを中心とする中央高地は寒暖差が大きく、降水量は平均よりも少なめ。瀬戸内海に面した地域は温暖で乾燥しています。

さらに、南西諸島は年間を通して温暖な亜熱帯性の気候です。

日本の気候に影響を与える4気団

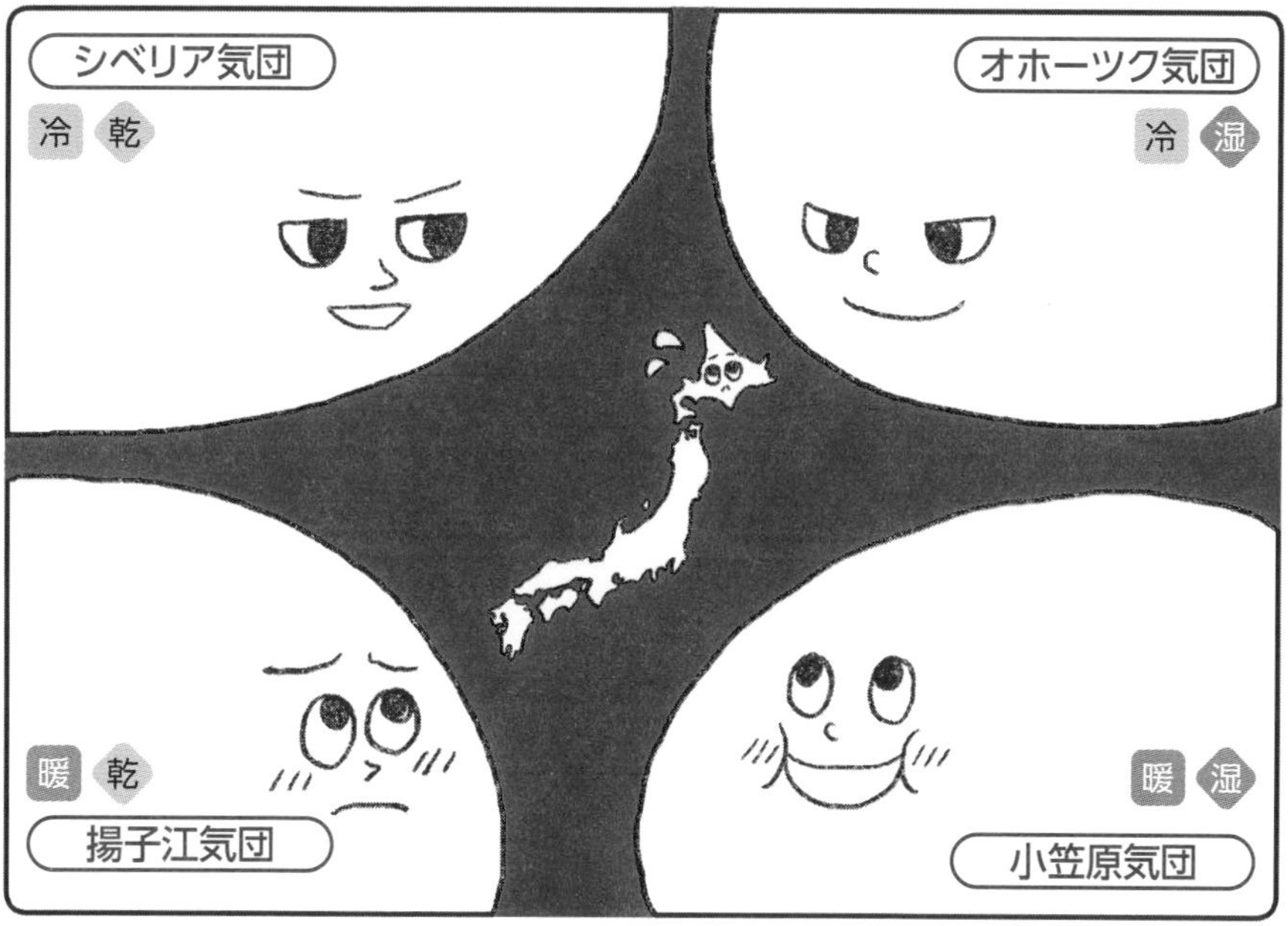

日本という小さな国土のなかに、これだけの複雑な気候が存在しているのです。

では、なぜ、このような気候が生まれたのでしょうか。

ここでは2つの大きな要因について解説しましょう。

まずは、**4つの気団（小笠原気団、揚子江気団、オホーツク気団、シベリア気団）**についてです。

これらはそれぞれの季節で勢力を増し、日本列島に影響を与えます。

春・秋は揚子江気団、夏は小笠原気団、梅雨時と秋はオホーツク気団、冬はシベリア気団がそれぞれ勢力を増して日本列島に季節風を送り込みます。この季節風が「前線」をつくって**長雨**を降らせるのです。

もうひとつが険しい山地の存在。

長雨 ▶ 梅雨はオホーツク気団と小笠原気団がせめぎ合うことで発生する。

日本列島は「新期造山帯」に属しています。新期造山帯は地球の表面を覆うプレートがぶつかり合う境界線で、多くの急峻《きゅうしゅん》な山地ができることが特徴です。ほぼ全域が新期造山帯に属する日本は、山地・丘陵地が国土の約7割を占めています。

本州では日本海側と太平洋側を隔てる奥羽山脈、越後山脈などの山脈が、四国や九州では四国山地、九州山地が島の中央に背骨のように連なっていることは第1章でもふれました。

この「山地」は日本の気候に大きな影響を与えています。

山地の風上と風下では風上側の降水量が多く、風下側は少なくなります（↓60ページ）。気温が上がる夏季には、風下にあたる日本海側で乾燥した熱風が吹く「フェーン現象」が発生。逆に冬季は風上にあたる日本海側で降水量が増えるため、気温が低い内陸が豪雪地帯になるのです。

このように、日本の気候は複雑で厳しい側面がありますが、一方で「恵み」ももたらしました。日本列島は地球上でも有数の生物多様性が高い地域になっているのです。

しかし、自然開発などの影響で絶滅の危機に瀕する種も多く、日本は環境破壊が危機的な状況であることを示す「生物多様性のホットスポット」に指定されています。

美しい自然が与えてくれた生物多様性を守るにはどうすればよいのか――。

今、私たち日本人は大きな課題に直面しているのです。

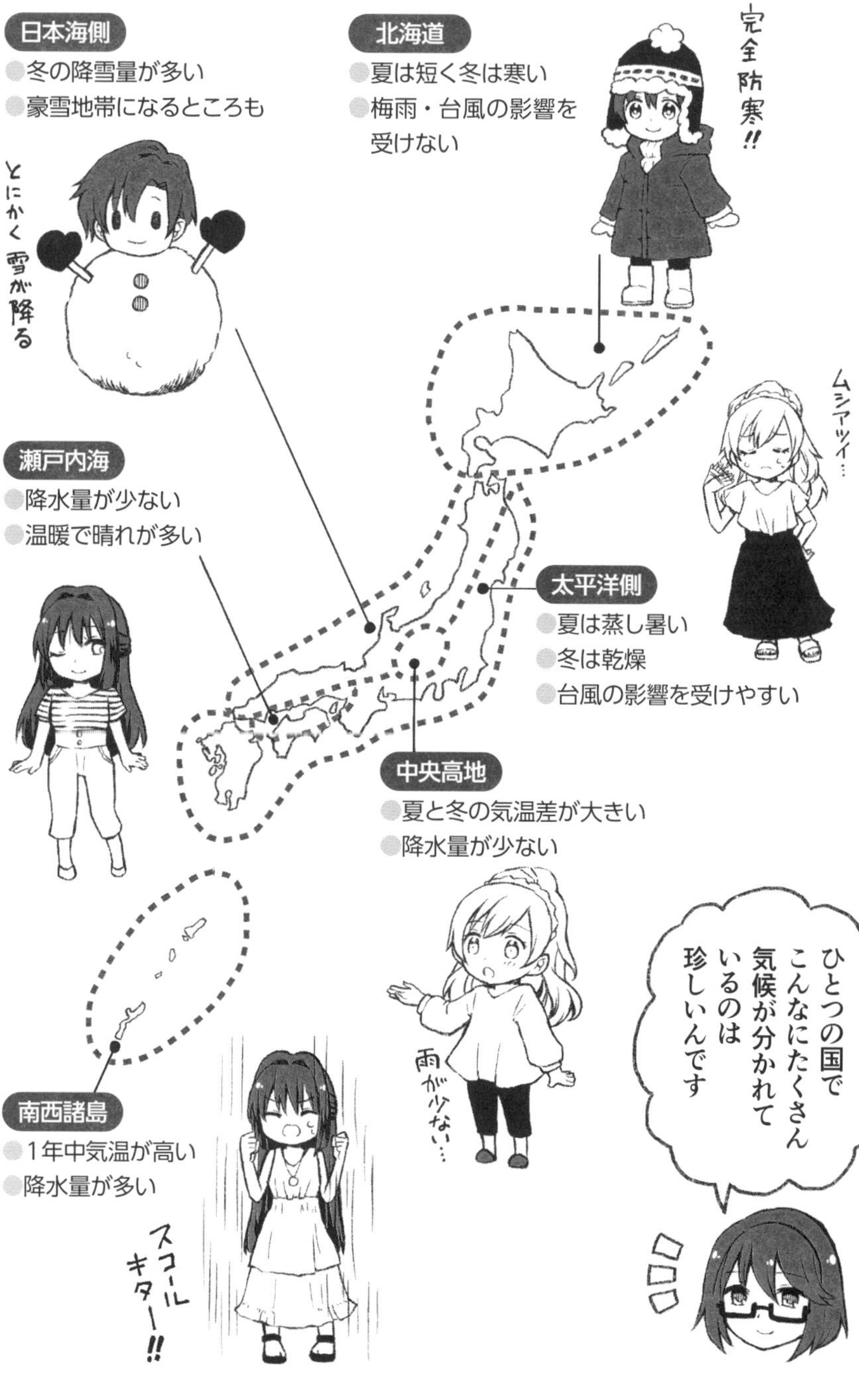
日本海側
冬の降雪量が多い
豪雪地帯になるところも
北海道
夏は短く冬は寒い
梅雨・台風の影響を受けない
完全防寒!!
とにかく雪が降る
瀬戸内海
降水量が少ない
温暖で晴れが多い
ムシアツイ…
太平洋側
夏は蒸し暑い
冬は乾燥
台風の影響を受けやすい
中央高地
夏と冬の気温差が大きい
降水量が少ない
ひとつの国でこんなにたくさん気候が分かれているのは珍しいんです
雨が少ない…
南西諸島
1年中気温が高い
降水量が多い
スコールキター!!

日本に美しい四季があるのはなぜ？

日本の気候の特徴として、真っ先に挙げられるのが美しい四季でしょう。

緑が芽吹く春、太陽の光が降り注ぐ夏、紅葉が燃える秋、雪の舞う冬と、それぞれの季節が織りなす風景は、日本のイメージとして海外でも広く知られています。

海外からの観光客は口々に「日本の四季は美しい」と絶賛しますが、四季は日本特有のものなのでしょうか。

そもそも「四季」とは何でしょうか。

世界の気候帯のうち、赤道付近に分布する常夏の熱帯、南極・北極や高山地帯に分布する常冬の寒帯を除くと、季節の変化は日本以外の地域にも存在します。

では、なぜこのような変化が起こるのでしょうか。

地球は太陽から多くの熱エネルギーを受けています。そして、地球は太陽のまわりを自転しながら公転しています。

この回転軸が傾いていることはご存じでしょう。地球儀を見ると、北極と南極を貫く軸より少し傾い

日本一寒暖差の激しい場所は？

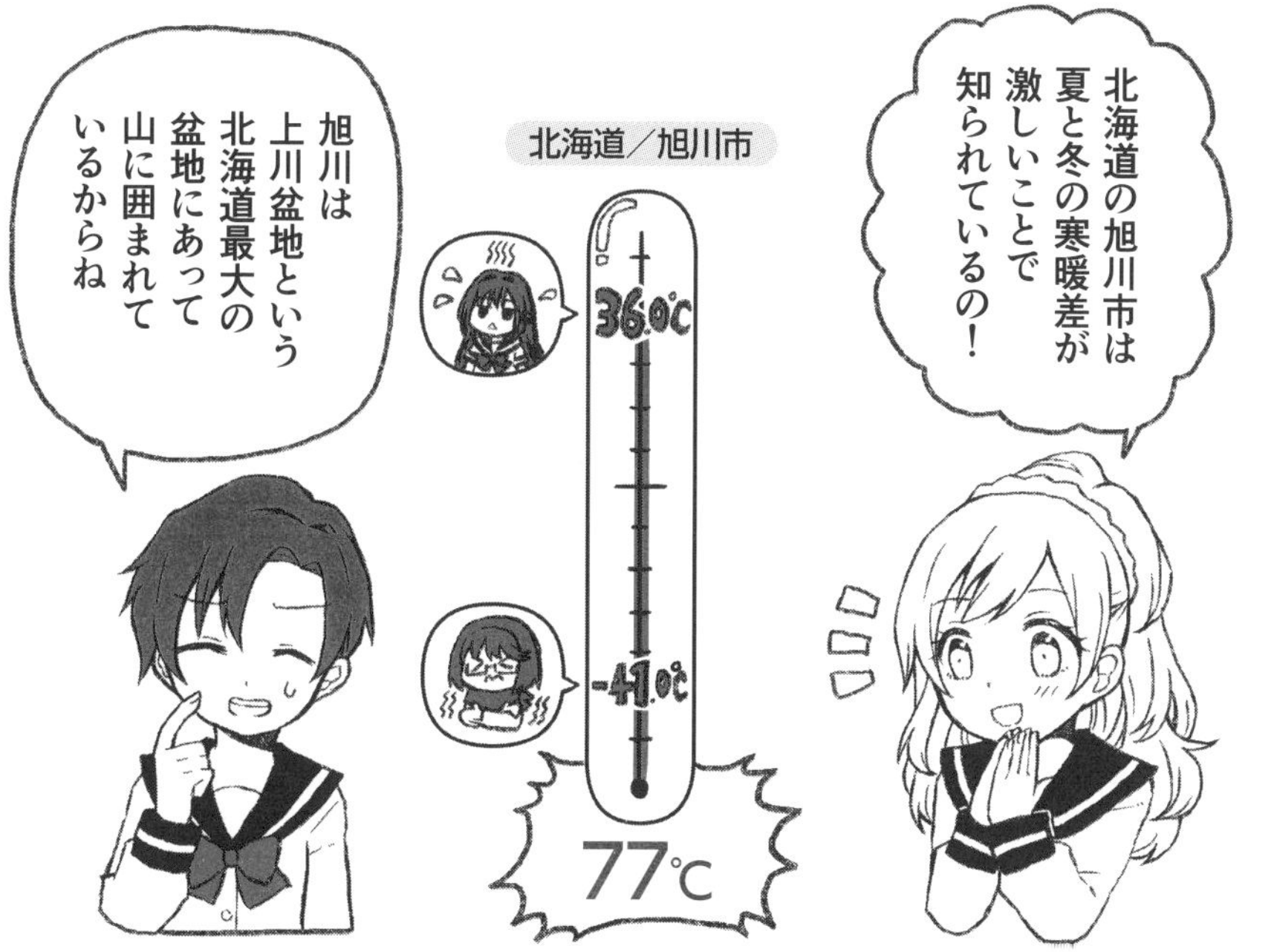
北海道の旭川市は夏と冬の寒暖差が激しいことで知られているの！
北海道／旭川市
36.0℃
-41.0℃
77℃
旭川は上川盆地という北海道最大の盆地にあって山に囲まれているからね

た状態になっていますが、あれは地球の傾きを正確に表したものなのです。

傾きの角度は23・4度。この地軸の傾きと公転が、気候に大きな影響を与えているのです。

ある場所が太陽の方を向いている（＝太陽高度が高い）時期を**高日季**《こうじつき》、太陽の方を向いていない（＝太陽高度が低い）時期を**低日季**《ていじつき》と言います。

高日季は狭い範囲に太陽の熱エネルギーが集まることで気温が上がりやすいのですが、低日季は熱が分散されるため、気温がなかなか上昇しません。高緯度地域では高日季は1日中太陽に向きっぱなし。逆に低日季は、自転で一周しても太陽の方をまったく向かないので、白夜や極夜という現象が起きます。

四季を構成する「春」や「秋」は、夏季と冬季の間の移行期にあたります。

この周期変化は中緯度帯で一般的なのですが、緯度が低すぎれば熱帯気候に近付いて冬季の特徴が現れにくくなる。逆に、緯度が高すぎれば寒帯気候に近付いて夏季の特徴が現れにくくなる。したがって、緯度が高すぎても低すぎても移行期が認識しづらくなります。

つまり、**「ちょうどいい緯度」でなければはっきりとした四季の区別が見られない**のです。

このちょうどいいエリアが、アジアでは日本列島の本州から九州まで、つまり北緯35度付近の地域、ヨーロッパではそれよりやや北の北緯50度付近になります。後者の位置が北にズレるのは、温暖な北大西洋海流の影響を受けるからです。

このように、日本の気候には「緯度」が大きく関係しているのですが、四季が現れる理由はそれだけではありません。前項でふれたように、日本の国土の7割は山地です。その間に広がる盆地や平野といった起伏に富んだ「地形」も気候に大きく作用しているのです。

本来、春と秋は夏・冬への「移行期」なのですが、日本の場合は、このように複数の要因が影響し合って、春と秋が独立した存在感を持っています。そのため、日本の「四季」は世界各地で見られる四季のなかでも、独特の美しさを持つと言われているのです。

複数の要因が影響しあって四季が生まれているのね

❶ちょうどいい緯度
緯度が高すぎても低すぎても春・秋が感じられない。

❷４つの気団の影響
季節によって、シベリア気団（冬）、オホーツク気団（梅雨、秋）、揚子江気団（春・秋）、小笠原気団（夏）が気候に影響を与える。

❸豊富な降水量
季節ごとの降水量の差が豊かな四季をつくり出している。

❹凹凸の多い地形
日本の国土は山がちで起伏に富んでいる。そのため、季節風が山地にぶつかり、雨や雪を降らせる。

「海流」も気候に影響を与える!?

海流は、気流や地形、緯度、海からの距離などと並んで、気候に強い影響を与えます。たとえば、北大西洋海流（暖流）の影響でヨーロッパは緯度の割に温暖な気候になっています。また、チリ共和国の北部に広がるアタカマ砂漠は南米大陸西岸を流れるフンボルト海流（寒流）の影響で形成されています。日本でも、日本海側で冬季に大雪が降るのは暖流の対馬海流から水蒸気が発生することが原因です。

世界で一番雪が降るのは日本？

「雪」というのは不思議な自然の産物です。

雪の素になるのは「雲粒《うんりゅう》」と呼ばれる微細な氷の粒。この雲粒が衝突して成長すると、雪の結晶になります。この結晶が解けずに地表まで到達したものが雪なのです。

地上の気温が０℃近くなると雪が降るのはそのため。言い方を変えれば、どんなに寒くても地上の気温が０℃まで下がらないと、雪は途中で消えてしまうのです。

南極のように緯度が高い地域や、ヒマラヤ山脈のように標高が高く寒冷な地域では、降水があればほぼ確実に雪が降ります。しかし、年間の降雪量が多いかと問われると……答えはＮＯです。

では、地球上で年間の降雪量が最も多い場所はどこでしょうか。

答えは、日本。

そう、**本州の日本海側は世界一の豪雪地帯**なのです。

アメリカの気象情報会社アキュウェザー社の統計によると、雪の量が多い世界の都市トップ10のうち、1位から3位までを日本の都市が独占しています。

1位は青森市（７９２㎝）、2位が札幌市（４８５㎝）、そして、3位が富山市（３６３㎝）。

世界一の降雪記録は滋賀県の伊吹山

1182cm
すご…っ
だいたい4階建てのビルと同じくらいの積雪量ってことか⁉
積雪量の世界記録は滋賀県の伊吹山！
日本海と琵琶湖を通過してきた湿った空気が伊吹山にぶつかって大雪を降らせるの

8位には秋田市（271㎝）が入っています。

もっとも、これは人口10万人以上の都市が対象ですから、人口が少ない都市を含めると、トップ層の顔ぶれは変わってくるかもしれません。

公的な観測地点で降雪量の世界記録を持つのは、やはり日本。

1位は**伊吹山（滋賀県）**で、1927年の積雪量が1182㎝にまで達しました。伊吹山は冬に日本海から吹き込む北西季節風の通り道なのです。

ちなみに伊吹山は、伝説の英雄ヤマトタケルノミコトが伊吹山の神と対決したという言い伝えが残されている場所。敗れたヤマトタケルノミコトは病を患《わずら》い、三重県能《の》煩野《ぼの》の地で亡くなりますが、このとき彼を苦しめたのも「大氷雨」でした。ここから、同地が古くから豪雪地帯であったことがわかります。

青森県の八甲田山中にある酸ヶ湯《すかゆ》では、２０１３年に積雪量５６６㎝（１９７９年からの観測史上最大）を記録しました。八甲田山と言えば、１９０２年（明治35年）に起きた**雪中行軍遭難事件**も有名です。このような「豪雪地帯」に分類される地域は日本の国土のおよそ半分。日本列島は統計上、間違いなく世界一の豪雪地帯なのです。

では、日本にはなぜこのような豪雪地帯が存在するのでしょう。

豪雪地帯の共通点はいくつかあります。まず、高緯度にあって寒気が流れ込みやすいこと。日本列島には、冬になるとシベリア気団から強烈な寒気が流れ込みます。

次に、大きな水域に隣接していること。その水域で発生する大量の水蒸気が雪の材料になるからです。この点、日本では日本海が「大きな水域」となっています。吹き込む空気と水域の温度差が大きいほど大量の水蒸気が発生しますが、日本海には暖流の対馬海流が流れており、シベリア気団は世界最強の寒気団のひとつ。この強烈な温度差が日本列島に大量の雪雲を送り込むのです。

最後が、山地の風上であること。湿った空気が山を駆けのぼると、そこに大量の雪雲ができます。日本列島には急峻な山地がありますから、この条件を十分に満たしているのです。

雪中行軍遭難事件 ▶ 旧日本陸軍の歩兵連隊が真冬の八甲田山で訓練中に遭難。199 名の死者を出した事件。日本の歴史上、最大の山岳遭難事故となった。

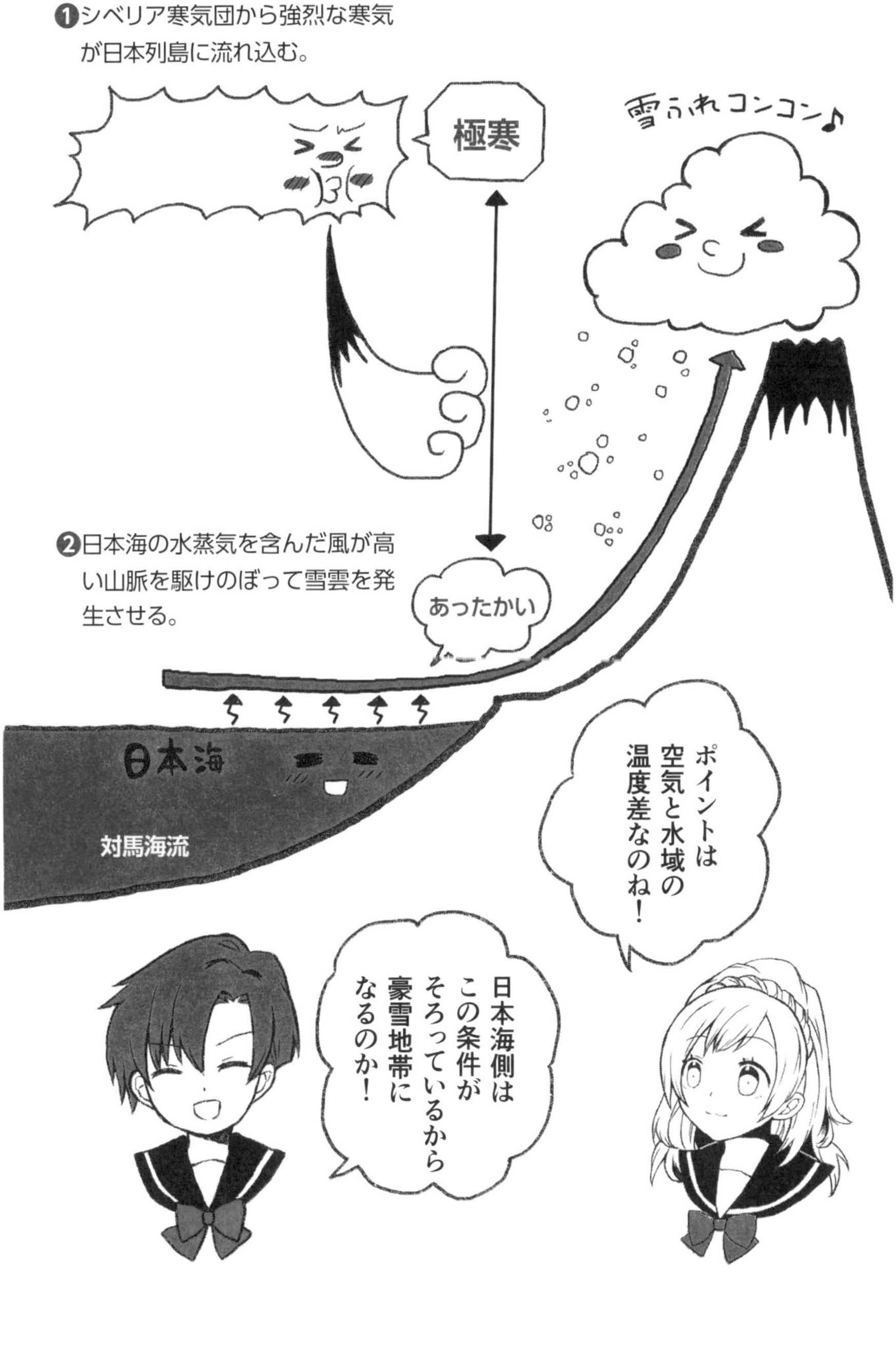
❶シベリア寒気団から強烈な寒気が日本列島に流れ込む。
極寒
雪ふれコンコン♪
❷日本海の水蒸気を含んだ風が高い山脈を駆けのぼって雪雲を発生させる。
あったかい
日本海
対馬海流
ポイントは空気と水域の温度差なのね！
日本海側はこの条件がそろっているから豪雪地帯になるのか！

沖縄には快晴の日がほとんどない？

日本列島の中でも南西部、北緯24度から28度の範囲に点在する島々からなる沖縄県。気候は亜熱帯で、日本の中では年平均気温が非常に高い地域です。こうした地理的な特徴から、真っ青な空に燦《さん》々《さん》と降り注ぐ太陽の光をイメージする人も多いでしょう。

ところが……実態はまったく違います。

沖縄では「快晴」の日は数えるほどしかない、と聞いたら信じられるでしょうか。

実は、沖縄で「快晴」と認定される日数は、年間でたったの8日程度（1981〜2010年までの平均値）。つまり、月に1日あるかないか、なのです。

そもそも、「快晴」とはどういう状態のことを言うのでしょうか。

気象庁の定義によれば、**快晴日は雲量が10段階で1以下の日**となっています。

つまり、どんなに日差しが強くても、上空に雲が少しでもあれば「快晴」ではないのです。

では、沖縄ではなぜ雲ができやすいのでしょうか。

それは沖縄が「南の島」だからです。

快晴・晴れ・曇りの違いは雲の量

基本は空全体に占める雲の量なのね

アレは10%だ！
いやいや20%よ！

雲の割合	天気
10%以下	快晴
20～80%	晴れ
90%以上	曇り

沖縄は海に囲まれていることから「海洋性気候」に属しています。

海洋性気候の特徴は、年間を通して一定の降水量があること。東京の年降水量が約1600㎜なのに対し、沖縄は2000㎜以上です（気象庁統計より）。

安定した降水がある。

これは、逆に考えると、小春日和や秋晴れ、冬晴れのように、1日中または何日にもわたって晴天が続くことがない、ということでもあります。

実際、沖縄の冬は曇り空が多く、小雨が降るような天気が続きます。

一方、夏は海に囲まれていることから湿度が高く、1日の中で海風と陸風が入れ替わるため、天気が安定しません。

海風・陸風は海沿いの地域特有の気象で、

岩石と水の温まりやすさの違いから生まれる現象です。

岩石は温まりやすく冷めやすい、水は温まりにくく冷めにくい特徴があります。

そのため、昼は岩石の多い陸地の温度が上がりやすく、上昇気流が発生。そこに海から空気が流れ込むため、海から陸に向かって風（海風）が吹くのです。

「沖縄の人たちは雨が降っても傘をささない」とよく言われますが、その理由は海からの風と雨の降り方にあります。

沖縄では昼に湿った海上の空気が陸地に向かって吹き、その空気が上昇気流で上空に巻き上げられます。これによって発生するのが、積乱雲。発達した積乱雲は、短時間の大雨（夕立ち、スコール）を降らせます。

この雨は勢いこそ激しいものの、短時間で止むため、雨宿りをすればＯＫ。いちいち傘を持ち歩く必要はないのです。一方、夜間は陸→海と風向きが逆になるため（陸風）、雨が降りにくくなります。

このように、常夏の気候なのに（だからこそ？）雨の多い沖縄県。

もし、「快晴」を求めるのであれば、内陸の埼玉県や山梨県がおすすめです。もっとも、そのぶん夏は暑く、冬は寒いですが……。

沖縄って
カラッと
晴れている
イメージだけど……
沖縄は
海洋性気候
年間を通じて
それなりに雨が
降るのが特徴よ
積乱雲
❶海からの湿った
空気が陸に吹き込む。
❷上昇気流で巻き上げられた
空気が積乱雲をつくる。

「熱帯」と「亜熱帯」はどう違う？

熱帯とは主に赤道直下に位置する地域のこと。一方、亜熱帯は北緯・南緯 20～30 度あたりを示します。一般的に、亜熱帯は亜熱帯高圧帯の影響下にあるため、雨が降りにくく、乾燥地域が目立ちます。ところが、モンスーン（季節風）などの影響を強く受けるエリアは、例外的に雨が降るのです。この地域では雨季と乾季が交互にやってくるため、水を求める動物たちの大移動なども見られます。

青森が沖縄より暑いのはなぜ!?

先に述べたように、日本の気候は北海道の冷帯、本州や四国、九州の温帯、南西諸島の亜熱帯に大別され、さらに地形の影響によって局地的にさまざまな気候が見られます。

それでも、北より南の方が暖かい（暑い）、内陸に行くほど寒暖差が大きくなる、などの基本的な傾向は変わりません。

では、**那覇市（沖縄県）より弘前市（青森県）の方が暑い**と言われたら信じられますか？

那覇市は北緯26度にあります。気候は亜熱帯に近く、1月でも平均気温は17℃ほど。最高気温は27℃に達することもあり、3月には海開きが行われます。8月の平均気温は29℃で常夏に近い気候です。

一方、弘前市は北緯40度に近い場所にあり、1月の平均気温はマイナス2℃、8月の気温は24℃ほど。

この平均気温だけを見ると、順当に南北の差があるように見えます。

ところが、別の視点から見ると違ったことがわかります。

8月の最高気温を見ると、那覇は35℃で弘前は37℃と、弘前の方がわずかに高くなるのです。

そして、両者の観測史上最高気温を見ると、さらに驚きの事実がわかります。

那覇は２００１年８月９日の35・６℃、一方の弘前は１９７１年８月６日の39・２℃という記録があ

青森と沖縄　最高気温を比べてみたら……

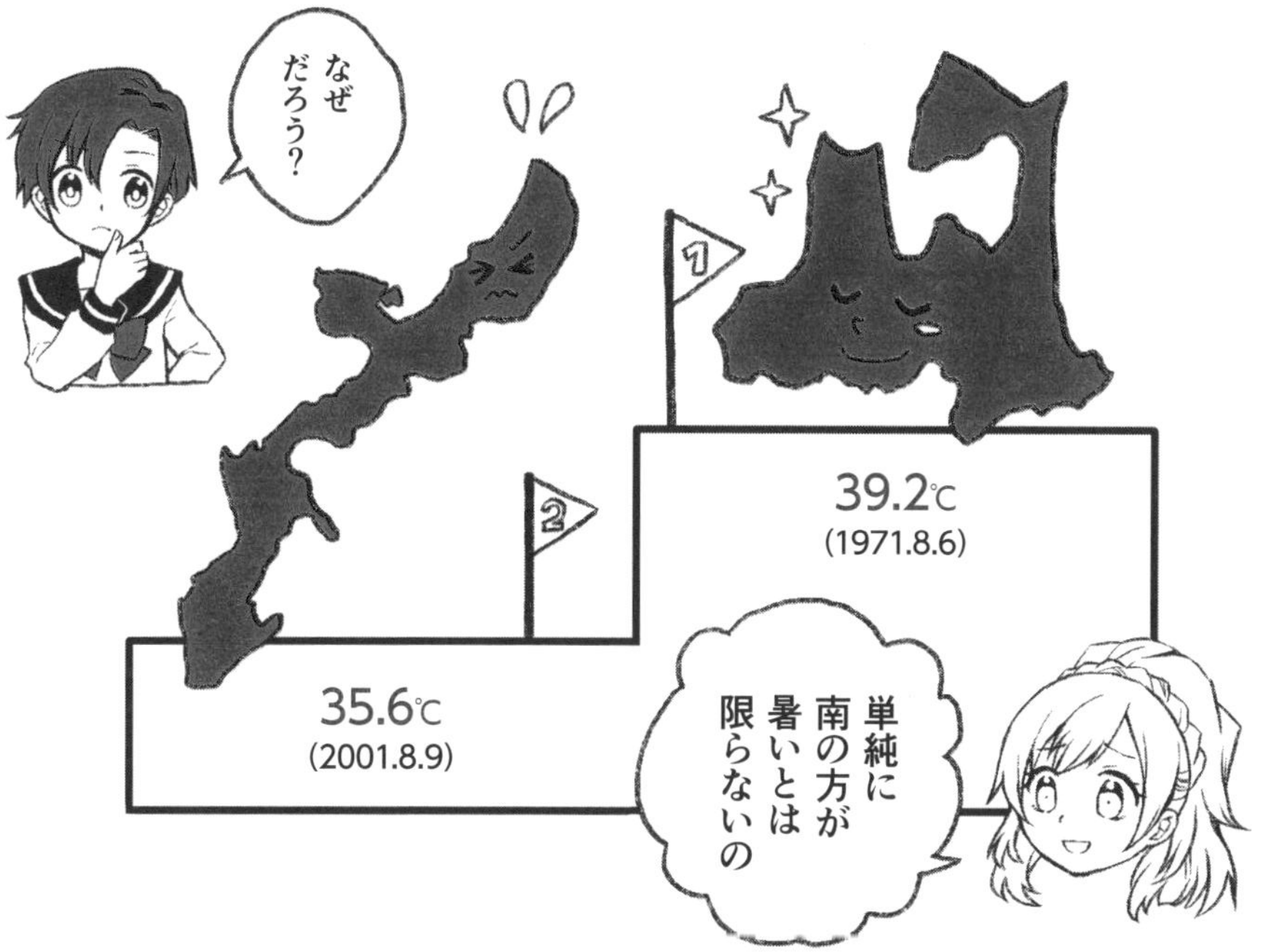
なぜだろう?
39.2℃
(1971.8.6)
35.6℃
(2001.8.9)
単純に南の方が暑いとは限らないの

ります。つまり、弘前の方が高いのです。

これは「平均気温が高いことと、最高気温が高いことは別」ということを示しているのですが、意外に見落としがちな事実かもしれません。

では、なぜ弘前市の最高気温の方が高いのでしょうか。

これは、那覇市と弘前市、それぞれの地形を見比べる必要があります。

まずは那覇市。沖縄本島の西海岸、東シナ海に面する那覇市は、背後に丘陵地を持つ盆地状の平野です。

前項でもふれましたが、海に面していることから、海洋性気候の特徴があります。

海洋性気候とは、島や沿岸部など、海洋の影響を強く受ける地方に見られる気候のこと。気温の変化（年較差や日較差）が小さく、1年中温暖で曇りの日も多め。また、湿度が高い傾向があります。

一方、弘前市は津軽平野の南部に位置し、東側は奥羽山脈の八甲田連峰、西側は「津軽富士」とも呼ばれる霊峰岩木山、南側は白神山地に囲まれた盆地状の地形です。

日本海側の内陸部に位置する弘前市は、夏は比較的乾燥して気温が高くなります。周囲を山地に囲まれているため、山地の風下になりやすく、乾燥が強くなる傾向があるのです。

弘前市は水域（海）から比較的離れた場所にある盆地なので、「内陸性気候」の特徴を持ちます。内陸性気候は、温まりやすく冷めやすい岩石の影響を強く受けるため、気温の変化が大きくなりがち。さらに盆地は熱気が抜けづらいため、気温が高止まりしやすくなります。日本で高温を記録する地域を見ると、山形、群馬、埼玉など内陸が多いのはそのためです。

このように、平均気温でその地域の大まかな寒暖傾向を見ることはできますが、ピンポイントの分析にはあまり役立ちません。気候についてより正確なイメージを持つためには、最高気温や最低気温などをきちんと見る必要があります。弘前市はその典型例と言えるでしょう。

海風の影響を受けるので
猛暑日になりにくい。

高温多湿
年間を通して温暖な気候
丘陵地
那覇市
気温が急激に上がる要素があまりないんだなぁ

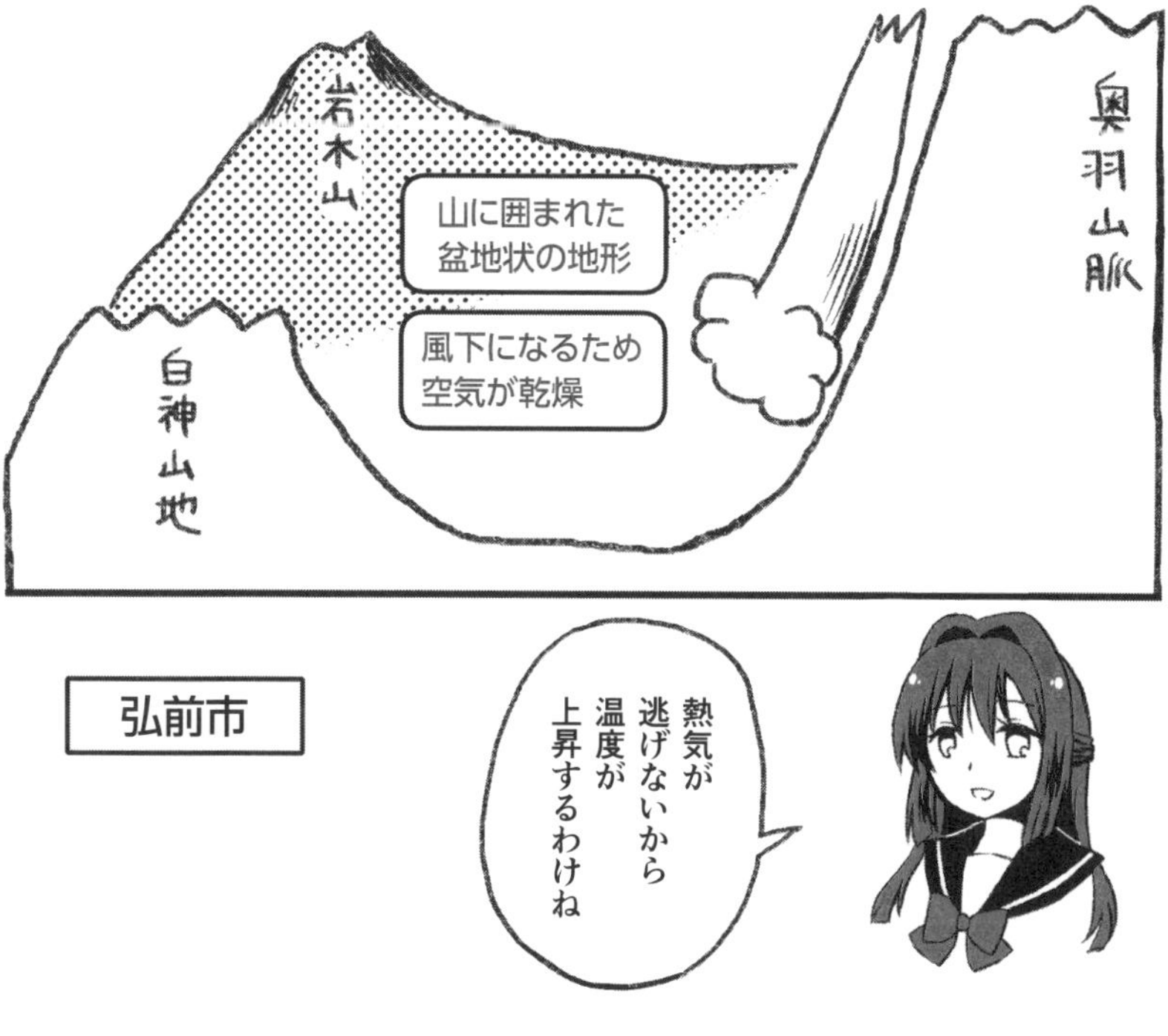

岩木山
山に囲まれた盆地状の地形
風下になるため空気が乾燥
奥羽山脈
白神山地
弘前市
熱気が逃げないから温度が上昇するわけね

台風とハリケーン、どちらが強い？

7月から10月にかけて日本列島を襲う台風。台風は日本の南の海上で発生した熱帯低気圧が成長したもので、太平洋高気圧の縁《へり》を回るようにして日本列島に接近します。

まずは熱帯低気圧が、なぜ台風に成長するのかを見てみましょう。

台風が生まれるのは水温が高い低緯度、熱帯地域の海上です。

海水が温められると、水蒸気が発生します。水蒸気は大気中に溶け込みますが、気温が高いとそれだけ大量の水蒸気が含まれます。そして、その水蒸気は上昇気流となり、上空に積乱雲を発生させます。水蒸気が雲になるときには多くの熱を大気中に放出するので、温められた空気はさらに激しく上昇します。このようにして、積乱雲は次第に大きく発達していくのです。

この一連の現象が繰り返されると、雲の中心では気圧が低くなっていきます。そうなると、さらに暖かく湿った空気を周囲から呼び込み、巨大な渦巻き状の雲がつくられます。こうして生まれるのが熱帯低気圧です。

では、この熱帯低気圧はどのようにして激しい台風になるのでしょうか。

気圧が下がると、それにともなって渦の中心（台風の目）に向かって風が強く吹き込みます。また、「台

台風はどうやってできるの？

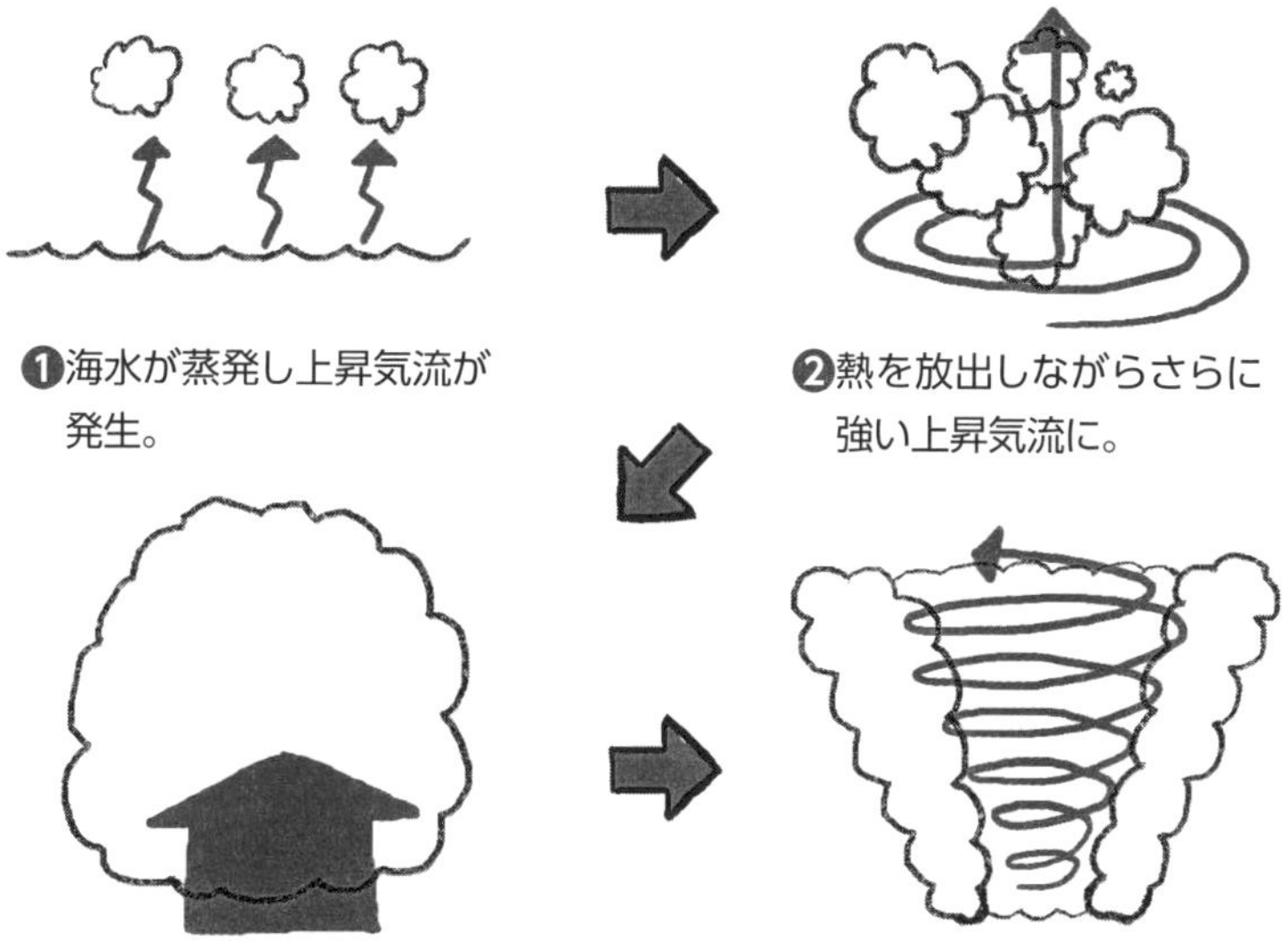

❶海水が蒸発し上昇気流が発生。

❷熱を放出しながらさらに強い上昇気流に。

❸暖かく湿った空気を巻き込んで雲は積乱雲に発達。

❹これを繰り返すことで積乱雲が発達し熱帯低気圧（台風）になる。

風の目」のまわりにはアイウォールという巨大な積乱雲が立ち上がっていて、この雲が台風の勢力範囲内でとくに激しい雨と風をもたらすのです。

　ちなみに、熱帯低気圧と台風の違いは「風速」。熱帯低気圧のうち、最大風速が約17・2m／sに達したものを台風と呼びます。

　ところで、台風と似たものに「ハリケーン」がありますが、この2つはどう違うのでしょうか。

　まずは発生する「場所」。台風は経度180度より西の北西太平洋と東シナ海、ハリケーンは経度180度から東のメキシコ湾、カリブ海、大西洋に存在するものを指します。ちなみにサイクロンは、経度180度より西のベンガル湾や北インド洋に存在するものです。

また、ハリケーンは基準となる風速も異なります。熱帯低気圧とハリケーンの境目となる最大風速は約33m／s以上。台風に比べてずいぶんと強い気がしますね。この違いは台風とハリケーンの風速の測定方法にあります。台風は10分間の平均で算出していますが、ハリケーンは1分間の平均。つまり、ハリケーンは数字が高く出やすいため、台風より高い基準が設定されているのです。

では、ハリケーンと台風、どちらが強いのか。

過去に発生したハリケーンで最強とされるのは、2015年に北米を襲った「パトリシア」で、最大風速はなんと90m／s。中心付近の気圧は880hPa。一方、過去最強の台風は1979年の「台風20号」。この台風の最大風速は70m／sで、中心気圧は870hPa。これは観測史上、世界で最も低い中心気圧です。

中心気圧の低さを基準にすると、台風の方に分があります。

また、台風は「台風20号」を筆頭にトップ10を並べても、最低が885hPa。一方のハリケーンは、10位の「マリア（2017年発生）」が908hPaですから、単純に強いものがどれだけ多かったかで見ると、台風の方が上だと言えるでしょう。

ただ、台風は太平洋のはるか沖合で発達し、最盛期は海上で迎えることがほとんど。それに対し、ハリケーンはメキシコ湾岸で発達した場合、大陸の目の前で最盛期を迎え、そのまま襲いかかってきます。

その意味では、体感として「強い」と感じるのはハリケーンだと言えるかもしれません。

“トルネード”は台風の仲間？

トルネードは基本的には「竜巻」と同じ現象です。トルネードの直径は数十〜数百m程度。一方、熱帯低気圧が発達した台風の直径は数百kmなので、規模が大きく異なります。また、トルネードは強力な積乱雲の下で発生する局地的な上昇気流。その寿命は数分から数十分程度とわずかです。この点でも台風やハリケーンとは大きく異なると言えるでしょう。

南海トラフ地震もし起きたらどうなる？

日本は地震大国であるということはよく知られています。直近の30年でも、阪神淡路大震災、東日本大震災、新潟県中越地震、熊本地震といった大地震が起き、大きな被害が発生しました。世界で発生しているマグニチュード6以上の地震のうち、およそ2割が日本周辺で発生しているのです。

地震が頻発する日本の建築物は、世界でも屈指の耐震性を誇りますが、そうした先進技術が通用しない「地震由来の災害」があります。

それは、津波。

たとえ激しい揺れに耐えても、揺れのあとで襲ってくる巨大津波には耐震性の高い建物も無力です。津波は海面の表面だけが動く通常の波（波浪）とは異なり、海底から海面までのすべての海水が波となって広がっていく現象です。巨大な海水の塊が押し寄せるため、なかなか勢いが衰えません。沿岸部では波の高さが急激に上昇するほか、強烈な引き波も発生するので、被害区域一帯が徹底的に破壊されてしまいます。

津波の恐ろしさは東日本大震災で、日本人の心に深く刻まれました。けれども、さらに高いレベルの

「南海トラフ」はどこにあるの？

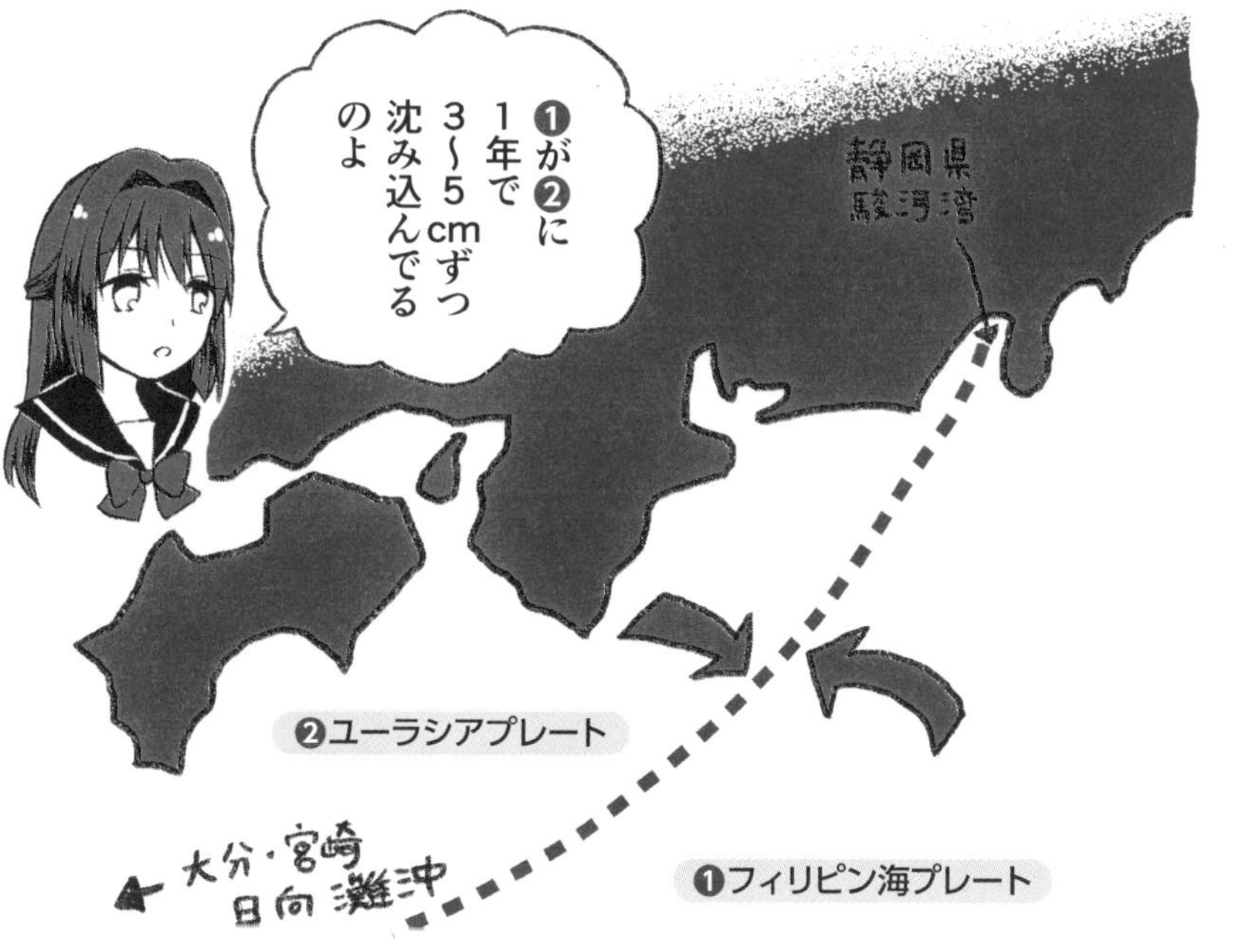
❶が❷に
1年で
3～5cmずつ
沈み込んでる
のよ
静岡県
駿河湾
❷ユーラシアプレート
大分・宮崎
日向灘沖
❶フィリピン海プレート

津波被害が出るかもしれない地震があります。それが**南海トラフ地震**です。

南海トラフとは、日本列島を構成する4つのプレート（↓27ページ）のうち、ユーラシアプレートとフィリピン海プレートの境界を走る海底谷《かいていこく》のこと。「トラフ」とは、海溝よりも比較的浅い谷のことです。

2つのプレートが衝突すると、フィリピン海プレートがユーラシアプレートの下に潜り込みます。そして、ユーラシアプレートには、フィリピン海プレートに引っ張られてできた「ひずみ」が溜まっていきます。そのひずみが限界に達した瞬間、プレートが跳ね返り、大量のエネルギーを放出。それが巨大な地震を引き起こすのです。

想定される被害は恐るべきものです。マグニチュードは8～9クラス。太平洋の沿岸部を中心に震度6～7の揺れが長く発生し、続いて大津波が起きます。その高さは平均10mに迫り、場所によっては30mを超えるという予想も。リアス海岸など沿岸部の地形によってはさらに高くなる可能性もあるでしょう。また、激しい揺れは沿岸部で液状化現象を起こし、建築物や港湾は壊滅的な被害を受けると考えられます。

南海トラフ地震は周期的に発生しており、平均発生間隔は88・7年。最後に発生したのは昭和南海地震（1946年）ですから、80年近くが経過し、**いよいよ平均発生間隔に迫りつつあります**。最新の予想では30年以内の発生確率は70～80％、50年以内では90％と、非常に高い数字になっています。

被害想定は東日本大震災を大きく上回り、30都府県の死者は32万3000人（1万5000人 ※東日本大震災の数字。以下カッコ内同）、全壊家屋238万棟（10万棟）、避難者数は1000万人に迫り（47万人）、1億人近い人々の食糧が不足。被害総額は220兆3000億円（10兆円）と試算されています。日本は国家存亡の危機とも言える、壊滅的な被害を受けることになるでしょう。

津波は避難が適切に行われれば8割の人が助かると言われています。死者の数も3割減の見込み。建物の耐震化が行われていれば、家屋の全壊も210万棟になると試算されています（およそ1割減）。

地震大国日本に住む私たちは、日頃の備えを忘れないようにしたいものです。

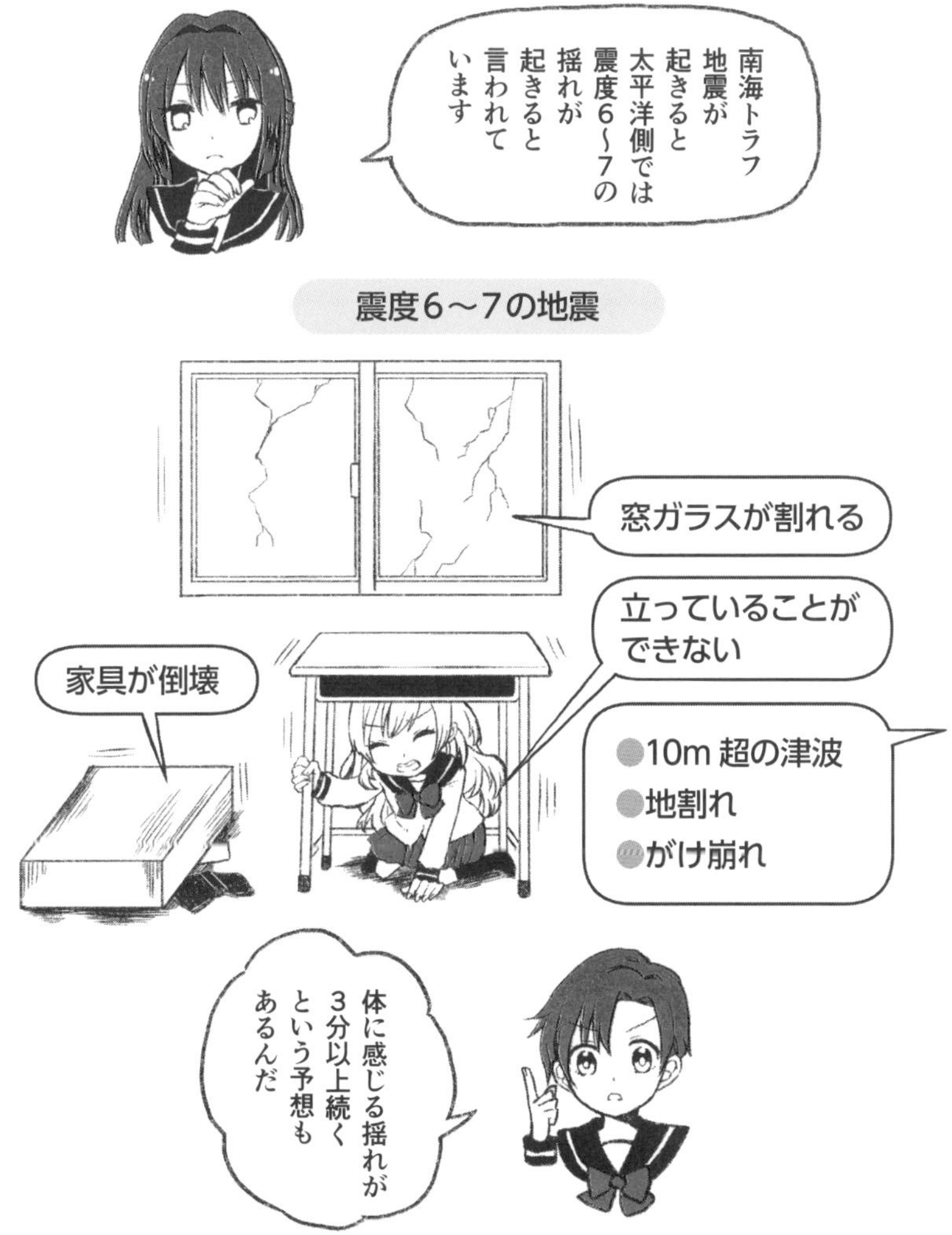
南海トラフ地震が起きると太平洋側では震度6〜7の揺れが起きると言われています
震度6〜7の地震
窓ガラスが割れる
立っていることができない
家具が倒壊
●10m 超の津波
●地割れ
●がけ崩れ
体に感じる揺れが3分以上続くという予想もあるんだ

「半割れ」「全割れ」とは？

南海トラフ地震では、想定される震源域の全域でプレートが一気に動く「全割れ」と、領域の一部が動く「半割れ」があります。過去に南海トラフで起きた地震を見ると、圧倒的に半割れが多く、直近の全割れは 1707 年の「宝永地震」のみ。ただし、最初に半割れが起きたあと、しばらくしてからズレが生じていない場所で連動するように地震が発生する可能性もあるため、警戒が必要です。

「ハザードマップ」でどんなことがわかるの？

日本は、地震以外にも、雨の多い時期は洪水や土砂崩れ、台風がくれば暴風や高波、高潮、さらに場所によっては豪雪の被害など、地球上に存在するあらゆる自然災害が頻発する土地だと言えるでしょう。最近では、前項で紹介した南海トラフ大地震が起きる可能性も示唆されています。日本に住む以上、いつ、どこで自然災害に遭うかは、まったく予測できないのです。

だからこそ、私たちは**「大震災が起きるのは明日かもしれない」**と考えながら、防災・減災対策を講じていかなくてはいけません。では、どのような手立てがあるのでしょうか。

まずは、ハード面の整備でしょう。防波堤やダム、耐震や免震構造など、自然災害に対応するための設備を建設・増強するものです。

しかし、ハード面での対応だけでは限界があります。この事実を思い知らされたのが、２０１１年の東日本大震災でした。岩手県の宮古市田老町《たろうちょう》は、１６１１年の慶長三陸地震津波、１８９６年の明治三陸津波で町民の大半が死亡するほどの大きな被害を受けました。このことから、長さ２・５km、高さ海抜１０mという巨大防潮堤がつくられていました。しかし、この防潮堤でも大津波を防ぐことはできず、市街地は壊滅。死者・行方不明者約２００名を出してしまったのです。

法隆寺・五重塔にも施された地震対策

中央にある心柱が左右に揺れながら地震の揺れを抑えていくんだ
同じような技術は東京スカイツリーにも使われているんです
心柱
礎石

田老町の防潮堤の存在は無意味ではなく、津波の侵入を大きく遅らせる効果がありました。

しかし、防潮堤があることで油断した人たちが、かえって逃げ遅れたという証言もあります。津波から逃れた人たちも「まさか堤防を越える津波が来るとは思っていなかった」「絶対堤防を越えないと思った」と証言しています（『あなたにつなぐメッセージ　3・11大津波体験語り継ぎエピソード集』より）

このように、ハード面を整備しても、その有効性を十分に活かしきれなかったという反省から、事前にどう備え、災害発生時にどのように行動するかという、いわば「ソフト面」の防災・減災対策が注目されるようになりました。

ソフト面の整備で重点が置かれたのは、**効果的なハザードマップの作成と普及**です。

ハザードマップとは、その地域の自然災害による被害を予測し、被害範囲を地図化したもの。火山の噴火や洪水、津波など、その地域で発生しうる災害に合わせてカスタマイズしたものがつくられ、被害想定区域（危険度で区分）、避難経路や避難場所の位置など、防災に役立つ情報が記載されています。

ハザードマップを利用すれば、災害発生時には迅速・安全に避難できますし、人的被害を減らすことも期待できます。ハザードマップの情報は、自然災害から命を守るために極めて有効なのです。

実際、2000年に起きた**有珠山**《うすざん》の噴火では、住民や観光客がハザードマップに従って迅速に避難を行い、人的被害が出なかったという事例があり、その有効性が証明されました。

現在のハザードマップは、地形図や道路地図、過去の災害事例などを蓄積した膨大なデータから、必要なデータを選別、地図化し、目的に応じてそれらを重ね合わせるしくみになっています。

ちなみに、ハザードマップは地方自治体が作成・配布していることが多く、インターネット上でダウンロードすることも可能です。

ハザードマップは先人たちが残した過去の教訓と、最新の技術を用いた科学的データが1枚の地図に示されたもの。これを用いることで、「ソフト面の対策」が効果的に行えるのです。

みなさんも、一度、お住まいの地域のハザードマップをチェックしてみてください。見慣れた場所が実は危険な場所だったということがわかるかもしれません。

有珠山 ▶ 北海道洞爺湖畔にある活火山。1633 年以来、たびたび噴火を繰り返している。

▲東日本大震災発生時に津波が田老町を襲った瞬間。津波は防潮堤の高さ（10m）を越えて町に押し寄せた。（写真提供／岩手県宮古市）

ハザードマップって
どこに注意して
見ればいいんですか
対象となっているのは
地震、洪水、津波
高潮、土砂災害など
こんなことに
注意して
見てみて！

- 避難場所はどこにあるのか？
- 安全に避難できるルートは？
- 冠水や土砂崩れで通行できなくなりそうな場所はどこか？
- 津波で浸水しそうなエリアはどこか？
- 地盤の弱いエリアはどこか？

宅地造成でつくられた土地、家を建てるときにどこを見る？

日本の国土は山がちな地形です。

山地と平地の割合はおよそ7：3と言われており、人口の多くは平地に住んでいます。

ただし、一口に「平地」と言っても、その特徴によって、いくつかの種類に分けられます。

たとえば、河口に広がる三角州や河川の中流域に広がる後背湿地、山に囲まれた盆地など。周囲から小高くなっている台地も、上面が平らなので平地の一種と言えます。

なぜ平地に人が住むかと言えば、一番の理由は建物を建てやすいからでしょう。

また、人や物の移動・運搬が容易だから、という理由もあります。

さらに、平地は山地に比べて水へのアクセスが良いので、それだけ多くの人が居住できます。

その点、台地はやや小高くなっていることから、集落の形成はやや遅れ気味でした。

ところが、上下水道など水を供給する技術が進歩したことによって、水の便を気にする必要がなくなり、台地にも多くの人たちが居住するようになったのです。

さらに、郊外にマイホームを持ちたいという「持ち家志向」が、土地の利用を一変させました。

大都市郊外の丘陵地や傾斜地を平地にすることで、住宅街の建設が可能になったのです。

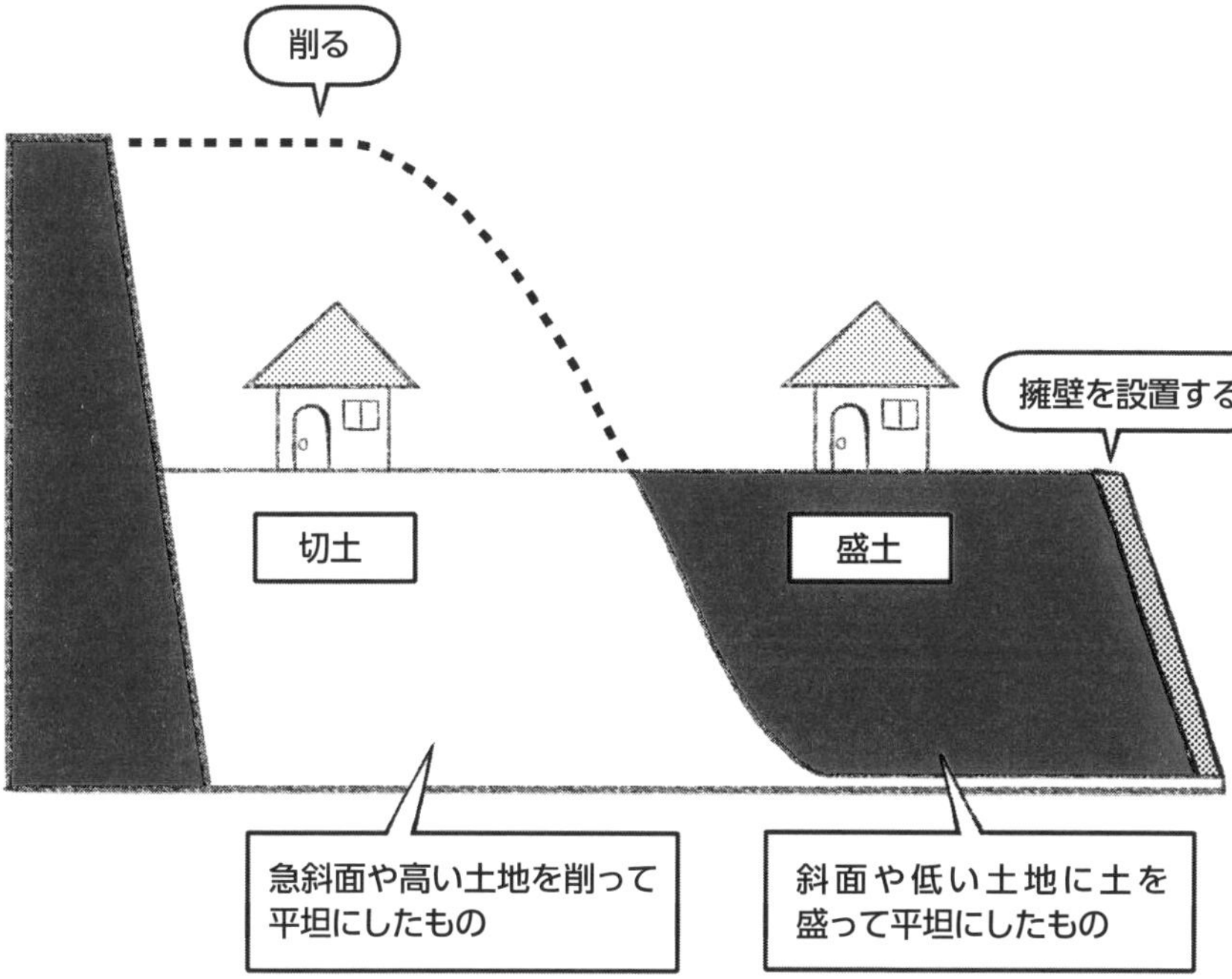
削る
擁壁を設置する
切土
盛土
急斜面や高い土地を削って平坦にしたもの
斜面や低い土地に土を盛って平坦にしたもの

重ねるハザードマップ

住所検索ができる

自宅の基盤は国土交通省の「重ねるハザードマップ」で確認できます

❶インターネットで国土交通省の「重ねるハザードマップ」を表示。
❷上部の検索窓に自宅の住所を入力。
❸画面左「すべての情報から選択」→「土地の特徴・成り立ち」
→「大規模盛土造成地」

雑木林に覆われていた場所が切り開かれ、マンションや分譲住宅に変貌していく姿は、日本の経済発展のひとつの象徴でもありました。こうして各地につくられたのが、いわゆる「ニュータウン」です。

土地造成法の代表的なものには**盛土**《もりど》と**切土**《きりど》があり、両者は基礎の強さが大きく異なります。

盛土は、その名の通り、土地に土を盛ることで平地をつくり出す方法のこと。起伏がある場所に外部から大量の土を持ち込み、傾斜が緩やかなら凹地を埋め、急であれば擁壁《ようへき》をつくり、平らな土地をつくります。

コストが安く、どんな土地でも平地に変えられるメリットがありますが、一方で豪雨や大地震で崩れやすいリスクがあります。実際に、盛土が崩壊して大惨事につながったのが、２０２１年の熱海市伊豆山土石流災害でした。

一方、切土は元の土地を削って平地をつくり出す方法です。地形によっては使うことができず、コストも高い工法ですが、元の地盤をそのまま用いるため、崩壊のリスクは低いでしょう。

このように、新たに造成された台地も工法によって災害に対するリスクが大きく異なるのです。

しかし、盛土と切土、どちらの方法で造成されたかは、一見しただけではなかなか区別できません。どちらのタイプか判断するには、**造成前と造成後の地形図を見比べる**必要があるでしょう。

両者を比較して「台地が広がっている」「標高が上がっている」という特徴が見られたら盛土、「台地が狭くなっている」「標高が下がっている」場合は切土だと考えられるでしょう。

このように、平地の周辺に広がる旧来からの台地、そして丘陵地を改変した台地は、近年になって利用の幅が広がってきました。住宅地としての用途が多いのですが、その安全性については消費者である私たちもきちんと情報を集め、評価する必要があります。

高台に建てられた見晴らしのいいマイホームを買い求めるときには、その土地がどのようにつくられたものなのか、調べてみる必要があるでしょう。

川の水を上手に「逃がす」霞堤

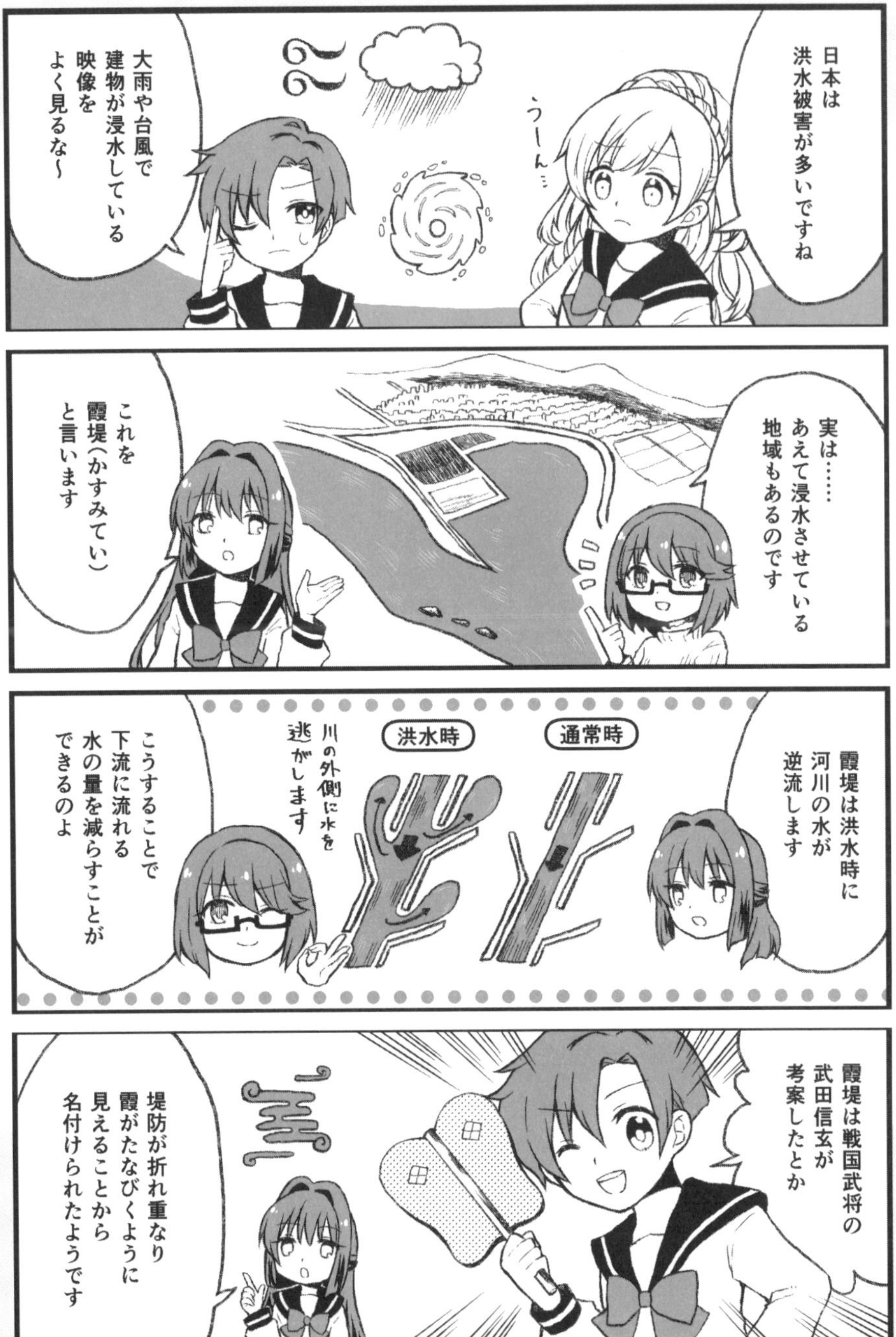
日本は洪水被害が多いですね
うーん…
大雨や台風で建物が浸水している映像をよく見るな〜
実は……あえて浸水させている地域もあるのです
これを霞堤（かすみてい）と言います
霞堤は洪水時に河川の水が逆流します
通常時
洪水時
川の外側に水を逃がします
こうすることで下流に流れる水の量を減らすことができるのよ
霞堤は戦国武将の武田信玄が考案したとか
堤防が折れ重なり霞がたなびくように見えることから名付けられたようです

第4章

資源・産業・エネルギー

日本は隠れた「資源大国」だった!?

今では信じられないことですが、日本は江戸時代までは**世界有数の資源大国**でした。17世紀前半の世界の銀産出量の3割は日本産だったのです。かつては日本と中国の貿易においても、日本の主要輸出品には銀が挙げられていました。また、有名な佐渡金山も、同じ17世紀に採掘を開始しています。石炭の産出量も多く、筑豊炭田などで採掘された石炭は日本の近代化を支えた大切な資源でした。ただし、これらの鉱山は、枯渇や採算性の悪化などで現在ではすべて閉山しています。

「それなら、もう日本には資源なんてないんじゃないの?」と思われるかもしれません。そう考えるのは早すぎます。日本には膨大な量の資源が、私たちの手元や足元、そして日本の広大な**EEZ(排他的経済水域)**内に眠っているのです。

日本が誇る第一の鉱山は、**都市鉱山**。これは、名前の通り都市に存在する鉱山です。しかし、都市のどこにそんなものがあるのでしょう?

実は、みなさんの手元にあるパソコンやスマートフォンなど電子機器類、あるいは家電が「鉱山」なのです。電子機器や家電には、貴金属や**レアメタル**といった希少資源が使われています。1つひとつの機器に含まれている量はわずかですが、すべて合わせると途方もない数字になります。

EEZ(排他的経済水域)▶沿岸国に漁業活動や天然資源の調査・開発の権利が自由に認められている水域。領土の沿岸から200海里(約370km)までの海域で領海を除いた部分を指す。

私たちの身近にある希少金属

ガリウム
金
リチウム
銀
そのスマホちょっと貸してみなよ
レアアースだけ抜き取るつもりでしょ！

都市鉱山

家電やデジタル機器の中に含まれる希少金属を鉱山にたとえて表現したもの。

たとえば金の蓄蔵量は6800t。世界全体の金の埋蔵量が4万2000tと言われているので、このうちの16％もの量にもなります。

また、銀はおよそ6万t。世界の埋蔵量が40万tと言われているので、約15％にものぼります。

どちらも世界の資源国の埋蔵量を上回るほどの数字です。

さらにガリウムやリチウムなどのレアメタル、レアアース（レアメタルの一種）の蓄蔵量も相当な量です。

しかし、これらはあくまでも、電子機器や家電がすべて再利用された場合の話。

つまり、私たちが正しくこれらをリサイクルすることで、初めてこの鉱山の「採掘」が進むのです。

レアメタル ▶ リチウム、マンガン、タンタルなど埋蔵量が少ないため、流通量が限定されている希少金属。ハイテク機器に使用されるため、国際的な争奪戦が激しくなっている。

もうひとつの資源が**メタンハイドレート**です。メタンハイドレートとは、日本近海の海底に沈むメタン（天然ガス）を含む氷で、通称「燃える氷」と呼ばれます。

世界中の深海底や永久凍土の中に広く分布しており。広大な排他的経済水域を持つ日本には7・5兆億㎥（年間消費量の100年分）という莫大な埋蔵量があると推計されています。

さらに、伊豆・小笠原諸島や沖縄諸島の海域で、海底から噴出する熱水にも注目が集まっています。この熱水には金、銀、銅、鉛、亜鉛などの金属が含まれていることがわかりました。金属を含むこの熱水は「海底熱水鉱床」と呼ばれていますが、この熱水から金属の回収ができれば有力な資源となるでしょう。

まだあります。

日本の最東端、南鳥島周辺の海底に沈む岩石は、**コバルトリッチクラスト**と呼ばれています。この岩石はコバルトやニッケル、プラチナ、マンガンなどが含まれる被膜に覆われており、さらに南鳥島付近の深海底にはレアアースを含む大量の粘土が堆積していることがわかりました。

ただし、これらは現在の技術では採掘コストが非常に高いため、残念ながら、まだ商業生産をする段階には至っていません。

とはいえ、単純に埋蔵量だけを見れば、日本は今も世界有数の資源大国です。人口減少による産業の衰退が危ぶまれている日本にとって、これらの資源は「救世主」となるかもしれません。

メタンハイドレート
大気圧下だとマイナス10℃以下じゃないと分解しちゃう不安定な物質なんだって
南鳥島
(日本最東端)
こんな場所にお宝が!
コバルトリッチクラスト
コバルト、ニッケルなど希少金属が豊富

海洋資源の獲得に貪欲な中国

中国は膨大な人口と巨大な工業力を支えるエネルギー需要を満たすため、中央アジア、アフリカ、中南米などの資源国との関係強化に熱心です。南シナ海には「九段線」という独自の境界線を引いて海洋権益を主張。周辺国とのトラブルに発展しています。日本との地理的中間線付近でもガス田の掘削を一方的に実施。日中間の外交問題となっています。

日本人は知らないところで水をムダ使いしている？

日本は世界の中では比較的水を得やすい国と言われています。

確かに、日本の年間平均降水量は１７００㎜ほど。これは世界平均の８８０㎜のおよそ2倍にあたります。

さらに上水道が全国的に整備されており、蛇口をひねれば清潔な水を得ることができます。

また、コンビニやスーパー、自動販売機などで、ボトル入りの飲料を手に入れることもできるでしょう。

今の日本では、災害時以外に「水に困る」という状況はなく、水が貴重であると言われてもピンときません。そこで、水を資源として見た場合、私たちはどれくらいの水を使うことができるのかを考えてみましょう。

みなさんは、地球上にある水の量はどれくらいだと思いますか？

答えは約14億㎦。膨大な量です。

では、そのうち淡水はどれくらいでしょうか。

答えは全体の２・53％で、約３５００万㎦。一気に量が減りました。

では、さらに人間が利用できる河川及び湖沼水に限定するとどうなるでしょうか。

淡水 ▶ 地球上の淡水の大半は氷河として南極大陸やグリーンランドなどに存在している。

水道の水をそのまま飲める国

- アイスランド
- アイルランド
- オーストリア
- オランダ
- スウェーデン
- デンマーク
- ニュージーランド
- ノルウェー
- フィンランド
- モンテネグロ

日本以外では左の10カ国意外と少ないんだな
器用だな…

※国土交通省水資源部調べ。

その量は0・01％で約10万㎦。これは**地球上に存在する水の1万分の1にも満たない**数字です。

この水を、人間（90億人）のみならず、地球上のほぼすべての生物が共同利用しているわけですから、とても貴重な資源であることがわかるでしょう。

では、私たちは水を何にどれくらい使っているのでしょうか。

日本における水の用途を見てみると、最も多いのが農業用水で、その量は全体のおよそ6割、そして、工業用水と生活用水が残り4割を半々という状況です。農業用水と生活用水は緩やかな減少傾向にあり、工業用水は逆に増加傾向にあります。

私たちが使っている水はそれだけではあ

りません。

日本は多くの食糧を輸入に頼っています。なかには、小麦やトウモロコシなど、大半を輸入に頼っているものも。そして、トウモロコシを１kg生産するために１８００L《リットル》、牛肉１kgを生産にするには２万Lもの水が必要となります。つまり、トウモロコシ１kgを消費すると、その生産に使われた１８００Lの水も同時に消費していることになります。

このような水のことを**仮想水（バーチャルウォーター）**と言います。つまり、食糧を輸入することは形を変えて大量の水を輸入していることになるのですが、その量は合計でなんと８００億㎥に達します。これは、日本全体で年間に消費される水の量とほぼ同じくらい。そう考えると、フードロスは水資源の大変なムダ使いだということがわかります。

ところで、日本で入手できる水には、ある特徴があります。

それは「軟水《なんすい》」であること。軟水とはミネラル分が少ない水のことです。

「ミネラルがたくさん含まれている方が良いのでは？」と思う人がいるかもしれませんが、一概にそうとは言えません。

ミネラル分が多い水は「硬水《こうすい》」と呼ばれますが、飲むだけでミネラルが補給できるという便利な面がある一方で、「胃腸への刺激が強すぎる」「石鹸の泡立ちが悪い」というデメリットもあります。

このように、水は私たちの生活や産業にとって、なくてはならない存在です。

その貴重さを理解しつつ、ムダなく活用したいものですね。

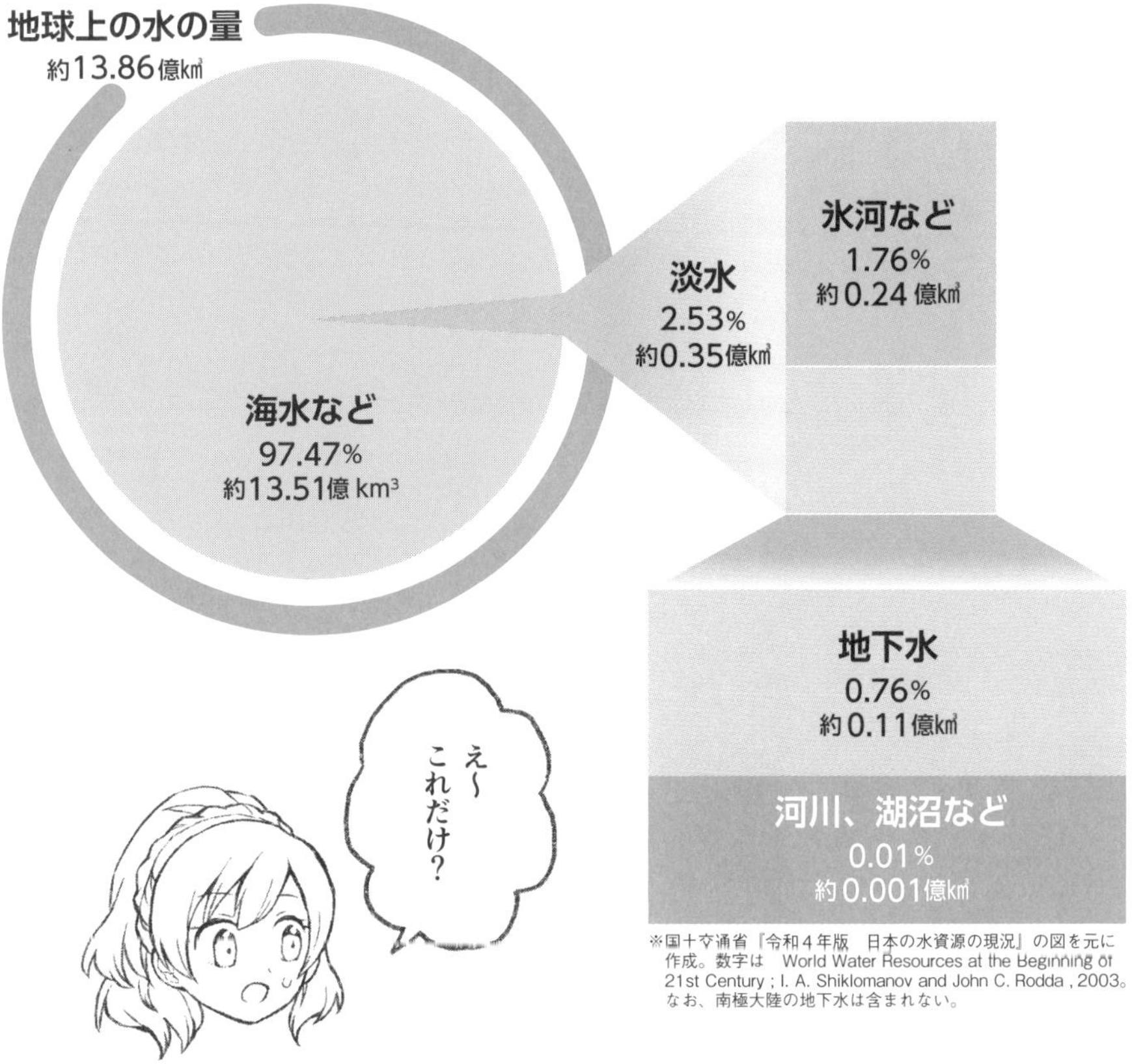
地球上の水の量
約13.86億㎦
海水など
97.47%
約13.51億 km3
淡水
2.53%
約0.35億㎦
氷河など
1.76%
約0.24億㎦
地下水
0.76%
約0.11億㎦
河川、湖沼など
0.01%
約0.001億㎦
え〜これだけ？

※国十交通省『令和４年版　日本の水資源の現況』の図を元に作成。数字は　World Water Resources at the Beginning of 21st Century ; I. A. Shiklomanov and John C. Rodda , 2003。なお、南極大陸の地下水は含まれない。

その牛肉１kgを生産するには水２万Ｌが必要なんだぞ
味わって食べろよ
そんなこと言われたら……

日本の林業はどうなる!? あの国と比較したら……

木材は、世界中で常に大きな需要がある資源です。赤道に近いブラジルのアマゾンやインドネシアの熱帯林、あるいは冷涼なロシアやカナダなどに広がる冷帯林（タイガ）など、広大な森林地帯を持つ国々では、木材が重要な輸出品というケースも少なくありません。

では、日本における木材生産の現状はどうなのでしょうか。

戦前の日本は、人里、里山、奥山の３つの地域に分かれていました。

里山とは里に暮らす人間たちが燃料や肥料、建材など、さまざまな資材を調達する「管理された森」、奥山は人の手が及んでいない天然林です。

しかし、先の戦争の際に燃料として里山、奥山から樹木が乱伐され、**森林が破壊された状態から戦後が始まりました**。

戦後復興期の木材需要には、その荒廃した森林では対応できませんでした。そのため、政府主導で造林が行われたのです。

その際に、荒廃した森林はもちろん、残っていた里山、奥山のブナなどの広葉樹林が伐採され、代わりに成長が早く資源としての価値が高いスギやヒノキなどの針葉樹林に置き換えられました。

針葉樹と広葉樹

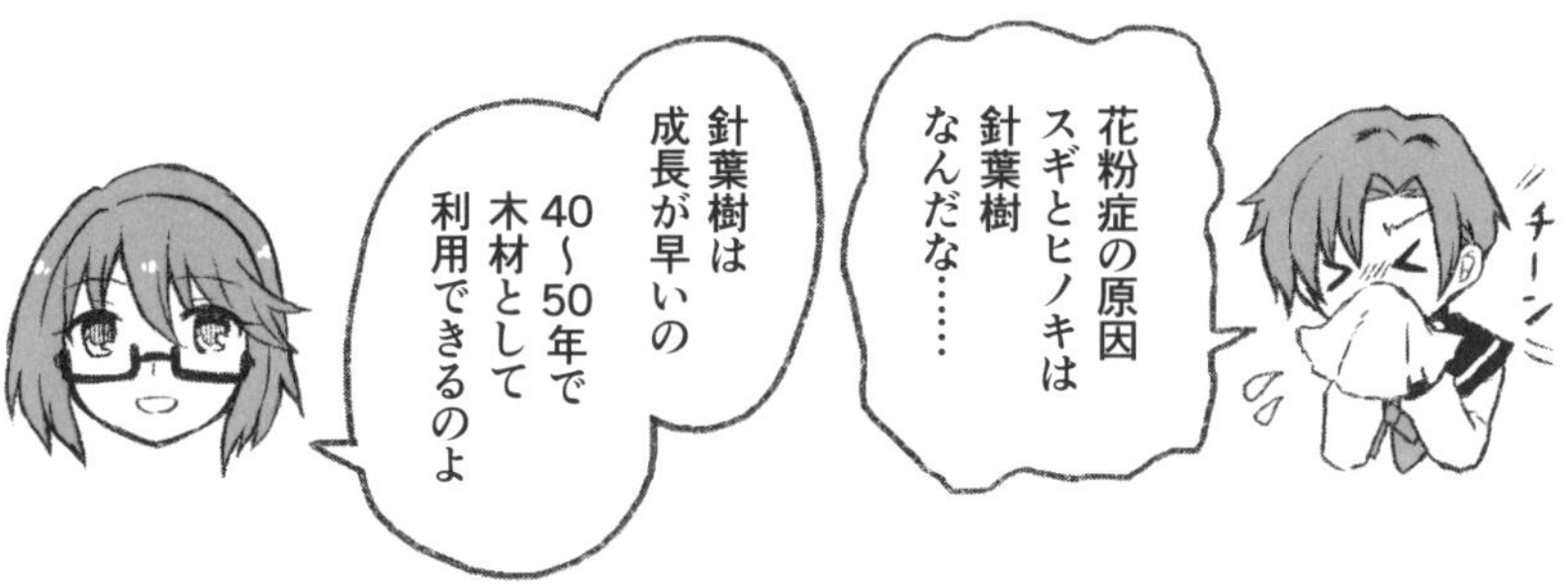
花粉症の原因
スギとヒノキは
針葉樹
なんだな……
チーン
針葉樹は
成長が早いの
40～50年で
木材として
利用できるのよ

針葉樹　スギ、ヒノキ、マツ

広葉樹　ナラ、ブナ、ケヤキ

- 葉が細い
- 柔らかい
- まっすぐ育つ

- 葉が丸い
- 硬い
- 複雑に枝分かれする

針葉樹はまっすぐに幹が伸びるため、大きく直線的な丸太を取りやすいことや、ケヤキなどに比べて乾燥時の「狂い・暴れ」が少なく扱いやすいこと、そして何より成長が早いことから、大量に植林されました。

この置き換えが起きた背景には、戦後、家庭の主要なエネルギー源が薪や炭から電気やガス、灯油などに変化したことにより、燃料や炭焼きに適する広葉樹の資源価値が低下したことも大きく影響しています。

しかし、この造林ブームに「逆風」が吹き始めます。第一に、木材の輸入自由化。1964年に木材の輸入が完全に自由化され、安価な外国産木材（外材）が流通し始めました。さらに1973年には1ドル＝360円の固定相場制から変動相場制に移行。一気に円高が進行します。

円高は輸入品の価格を引き下げる効果があるため、外材の価格はさらに低下。1980年から国産材価格は低下を始め、2020年の価格はピーク時のおよそ5分の1になっています。

この過程で林業の採算性は悪化。木材の自給率も1960年におよそ90%だったのに対して、2000年は18%。その後はやや改善したものの、2020年の自給率は35%ほどになっています。

山地が多い日本では、ロシアやカナダなど平坦地の林業に比べて**圧倒的に作業効率が悪い**ことが主な要因です。平地では「ハーベスター」と呼ばれる重機を使った機械化が可能ですが、山地ではそうはいきません。この効率の差はそのまま価格に反映されてしまいます。

では、日本の林業には未来はないのかというと、そうでもありません。

日本よりも森林資源が豊かとは言えない国で、非常に林業が盛んな国があります。それは**ドイツ**です。ドイツの森林面積は日本の約半分ですが、木材生産量は約2倍、林業従事者は30倍以上です。ドイツと日本は地形やシステムが異なるため単純な比較はできませんが、官民一体となって持続可能な林業を志向。大規模な林道を造成せず、需要の多い優良木を選別して伐採するなど、皆伐（特定のエリアの木をすべて切る方式）とは異なる林業を追求し続け、高品質な木材加工品を生産しています。

また、世界的な資源不足から木材価格が急上昇しており、日本で放置されてきた「切り時」の森林が再度注目を集めるようになりました。林業従事者も2000年以降は若返る傾向にあるなど、明るい兆しがいくつも見えてきています。林業を振興する取り組みも進みつつあり、これから林業を取り巻く環境は大きく変わっていくかもしれません。

日本の方が森林面積は広いのに生産量はドイツの半分なのね

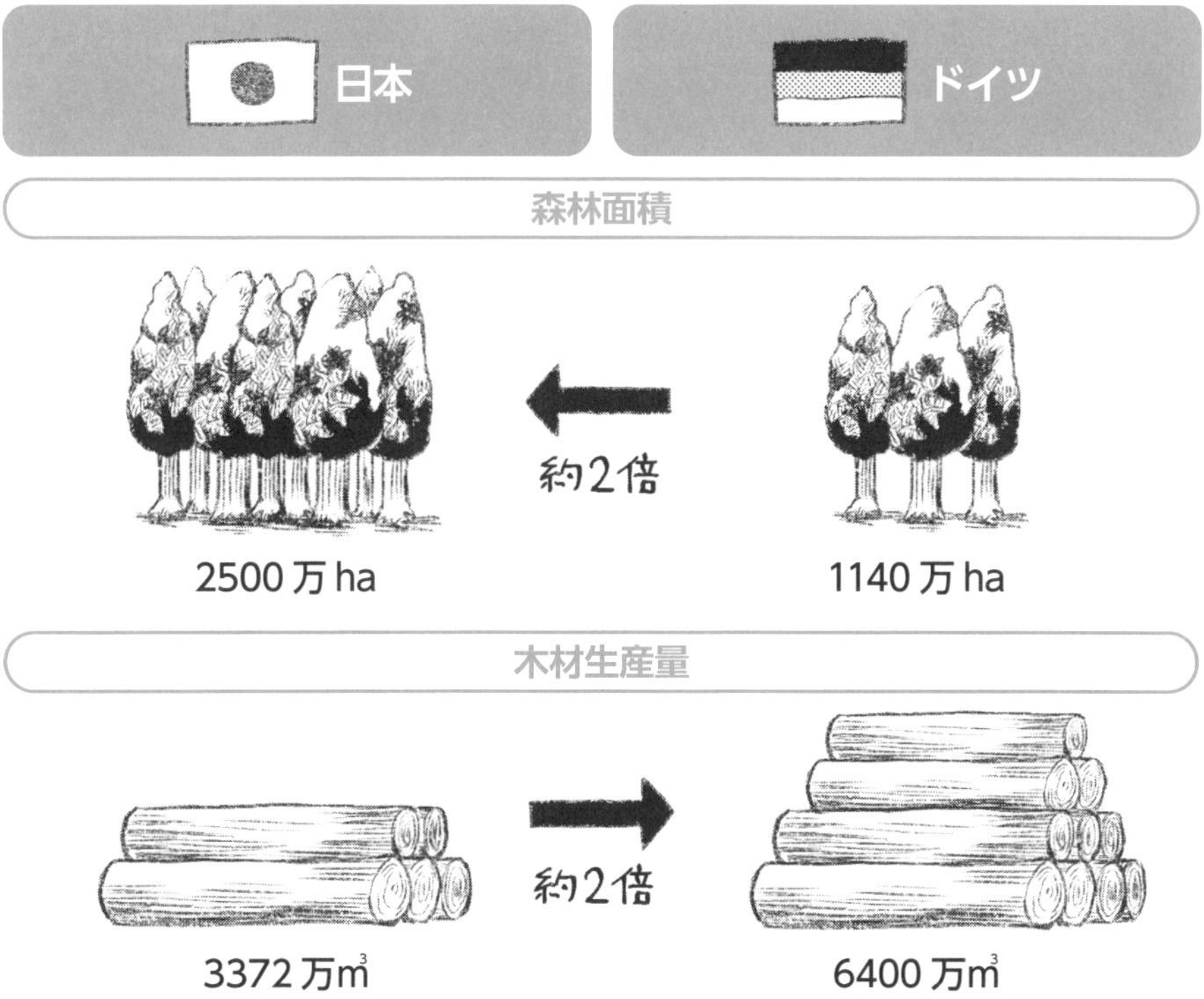
日本
ドイツ
森林面積
約2倍
2500万ha
1140万ha
木材生産量
約2倍
3372万m^3
6400万m^3

地形やシステムが違うから単純に比較はできないけど何が違うんだろう?
ドイツは樹木が成長したぶんだけ伐採する計画的な手法を採用しているんです

企業のデータセンターはなぜ北海道に集まるのか？

情報収集や物品の購入など、ウェブは私たちの生活において欠かすことのできないものになりました。ウェブ上の情報は基本的に「サーバー」と呼ばれる機器で管理されています。そして、そのサーバーがまとめて集約されているのが**データセンター**と呼ばれる施設です。

データセンターを設置するには、強固なセキュリティと安定した大容量の電力、そして機器を管理する専門の技術者を多く確保しなければいけません。そのため、データセンターはこれまで東京や大阪のような大都市圏に多く設置されてきました。

しかし、このような施設を大都市圏に置くには、莫大なコストがかかります。企業にとっては、この点が長らくネックになっていました。

ところが今、そんなデータセンターの設置事情が変わり始めています。データセンターを**北海道**に置く企業が増えてきたのです。

これは北海道がデータセンターの誘致を積極的に進めてきたことも関係しているでしょう。先頭に立ったのは、札幌市の北にある石狩市。土地の安さや、北海道ならではの気温の低さが売りでした。しかし、なぜ、気温が低いことがデータセンターを設置する上でメリットになるのでしょうか。

データセンターってどんな施設?

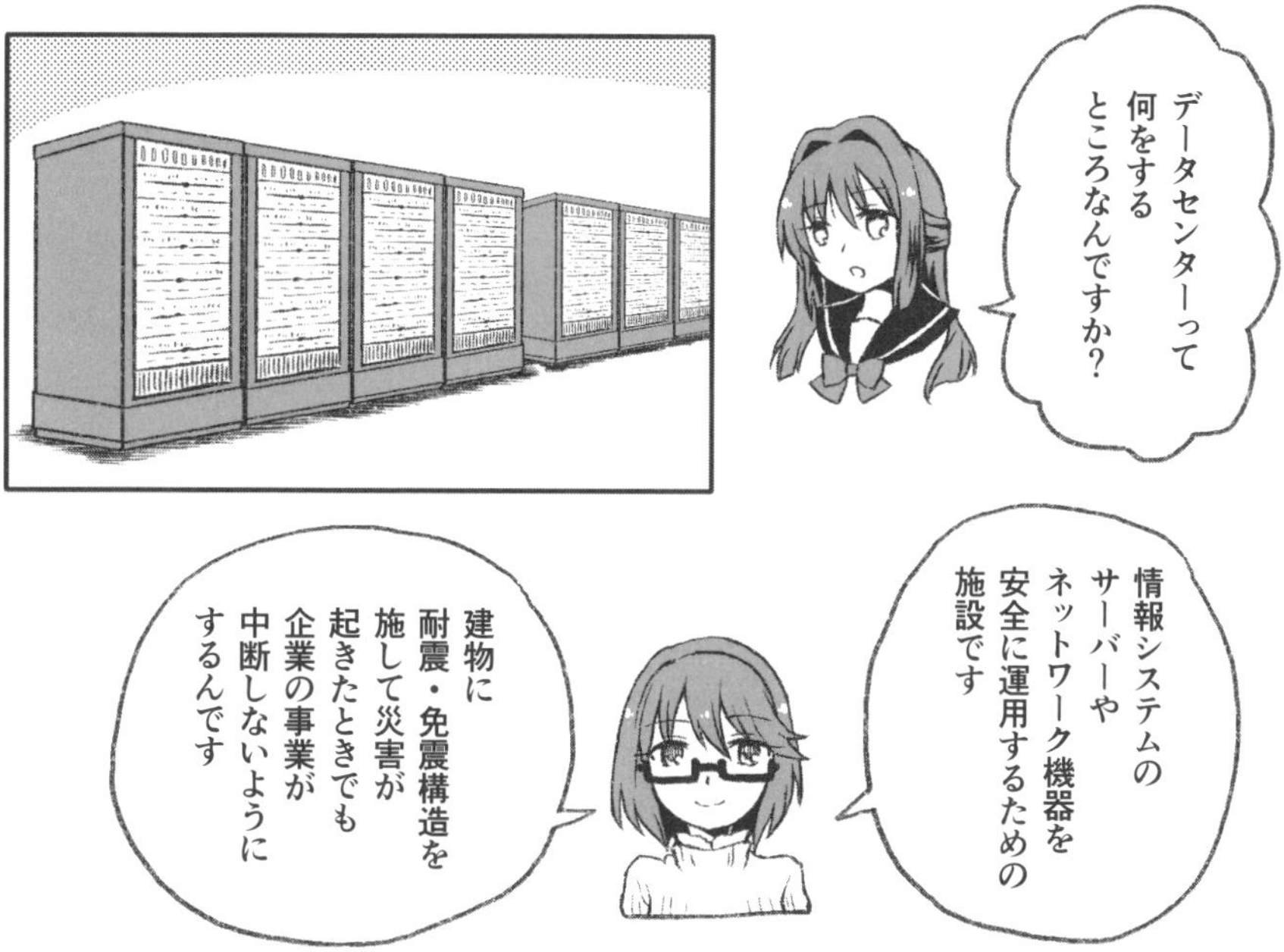
データセンターって何をするところなんですか?
情報システムのサーバーやネットワーク機器を安全に運用するための施設です
建物に耐震・免震構造を施して災害が起きたときでも企業の事業が中断しないようにするんです

サーバー機器は情報を処理する過程で膨大な熱を放出します。そのため、北海道の冷涼な気候を活かした外気冷房や、雪を使った冷房を使えば、空調管理のための電力を３〜４割も抑えられるのです。

データセンターの誘致は、大手ゼネコンや北海道、石狩市、大学などが関与する、いわゆる産官学連携により推進されてきました。その結果、大手通信サービス企業のさくらインターネットが、２０１１年に石狩市にデータセンターを設置しました。

同社が誘致に応じた背景には、コスト削減効果はもちろん、災害リスクを分散させる意図もありました。

日本海側の石狩市にデータセンターを設置するのは、**防災的にも合理的**だという判断があったようです。

さらに、北海道では、風力や太陽光、地熱発電などを利用した再生可能エネルギーが積極的に使われています。北海道にデータセンターを置くことは、地球温暖化対策の面でもメリットがあるのです。

実は、北海道にデータセンターを置くメリットが、もうひとつ浮上してきました。世界をつなぐ光海底ケーブルの存在です。各国間の通信は、海底に敷設された大容量の通信ケーブルによって行われています。そのケーブルを、北極海経由で敷設しようという動きがあるのです。

近年の地球温暖化によって北極海の海氷が解け、ヨーロッパと北米を結ぶケーブルの敷設が現実味を帯びてきました。そして、その**アジアルート最初の経由地**として候補に挙がっているのが、北海道なのです。

実現すれば、北海道は日本のみならず、アジアに最初にデータが入ってくる地域となり、サービス事業者がデータサーバーを設置する大きな動機になるでしょう。

その「差」は0・01秒単位のものですが、このわずかな差が現代の金融システムにおいては圧倒的に有利になることがあります。そうした意味でも、北海道は今後、アジアのデータセンターとなり得るのです。

どうして北海道はデータセンターの設置に有利なの?

❶空調電力の削減
サーバーは大量の熱を発生させるため、冷却装置が不可欠。北海道は冷涼な気候で雪を使った冷房も可能。消費電力を抑えられる。

カッカするなって!
ヒンヤリ

❷広大な土地
データセンターに必要な広い敷地を安く確保できる。

旭川
美唄
石狩
岩見沢
札幌
帯広
苫小牧
函館
道内にある主なデータセンター

❸再生可能エネルギーの活用
風力発電など再生可能エネルギーを活用できる。

❹地理的なメリット
アメリカやヨーロッパに近いという地理的な条件が強み。国際的な光ケーブルの敷設でも有利に。

石狩市では再生可能エネルギー100%で運営するデータセンターの計画が進められています

水力発電が抱える大きな欠点とは？

電気をつくり出す方法はいくつもありますが、なかでも代表的なものが水力発電でしょう。水の力でタービンを回して電気を起こすというしくみは、最も古くから使われている発電方法です。世界の年間平均降水量（８８０㎜）の約2倍（１７００㎜）という豊富な降水量と、7割が山地・丘陵地という地形を考えると、日本の国土はダムの建設に適していると言えます。実際、１９１２年から１９６２年までの間は、日本の主な電源は水力発電でした。

戦前における日本の工業化を支えたのは、日本各地につくられたダムによる水力発電でした。たとえば１９１２年に完成した栃木県鬼怒川水系の黒部ダム（後述する富山県のダムとは別のもの）は、日露戦争後の**日本の重工業化を支えたダム**のひとつです。他にも北海道、中部、近畿、中国地方の各地で次々にダムが建設されました。

戦後の高度経済成長期に入ると、工業の電力需要が急増。さらに家庭にも電化製品が普及して消費電力が爆発的に増加すると、大規模水力発電所が次々に建設されます。代表例は、富山県の黒部ダム。延べ１０００万人の従事者を動員し、１７１名の殉職者を出しながら7年の歳月を経て完成しました。ところが、ダムが完成した頃には、電力全体における水力発電の割合は徐々に低下。ダムが完成した

タービン ▶ 水や蒸気、ガスなど流体のエネルギーで羽根車を回転させて発電する装置。

水力発電のしくみ

こうやって
電気を
つくるのか
ダム
取水口
発電所
発電機
水車
河川
放水口
日本は
降水量が多く
国土の70％が
山地だから
水力発電に
向いていたのよ

１９６３年には、火力による発電量が水力の発電量を上回り、以後は火力が水力を上回ったままです。

火力発電は水力発電に比べて燃料が必要なため、エネルギー資源を輸入に頼る日本では発電コストが高い点が問題です。

エネルギー価格の上昇が電力価格に影響を及ぼしやすいのは、２０２２年のロシアによるウクライナ侵攻でエネルギー価格が高騰、電力価格が跳ね上がったことでも証明されています。

では、気候も地形も水力発電に向いているはずの日本で、なぜ水力発電がトップを走り続けることができなかったのでしょうか。それは、水力発電には「大きな欠点」があるからです。

水力発電の欠点とは、**建設場所**の問題。

水力発電を行うためには、大量の水を連続してタービンに向けて流し、圧力をかけ続ける必要があります。そのためには、ダムの建設地は深い峡谷と大きな水量がある場所でなくてはなりません。

山地と降水量に恵まれる日本においても、その条件を満たす場所は限られているのです。

もうひとつの問題が**水利権**。水利権とは、その名の通り、河川や湖沼などの水資源を利用する権利のこと。水資源は発電だけではなく、生活用水、農業用水、工業用水などにも用いられており、水力発電所の設置のために水利権を獲得することは簡単なことではないのです。

さらに言えば、水力発電所の建設には、環境問題やダム湖に沈む地域の**立ち退き問題**も発生します。

群馬県の八ッ場《やんば》ダムは、これらの問題から1949年の建設計画策定から運用開始まで、実に50年近い歳月がかかりました。この欠点を補うために、近年は農業用水路などに設置する小水力発電所が注目されていますが、やはり設置場所や管理コスト、水利権の問題で爆発的な普及には至っていません。

日本は、地形や気候の面で水力発電に「向いていない」とは言えませんが、消費する莫大な電力をまかなうには、建設できる場所が不足していると言えるでしょう。

また、水資源の用途のおよそ7割を農業用水が占める日本では、水力発電用のダムが農業に及ぼす影響は計り知れません。「簡単に建設できない」という点も、水力発電の発電量が伸びない大きな原因なのです。

❶火力発電が主流になった

❷水利権を得るのが困難

❸条件を満たす場所が少ない

環境にやさしい風力発電なぜ都会ではできない？

近年の地球温暖化など、環境問題がクローズアップされているなかで注目を集めているのが**再生可能エネルギー**です。再生可能エネルギーとは、温室効果ガスを排出せず、自然由来の資源が活用できるエネルギーのこと。具体的には太陽光、風力、水力、地熱、潮汐《ちょうせき》、バイオマスなどを指します。

私たちは古くからこうした自然のエネルギーを活用してきましたが、技術の進歩はそれを効率的に電気に変換することを可能にしました。

たとえば、太陽光を電気に変換するソーラーパネル、水力を電気に変えるダムなどはその典型例です。なかでも、近年注目を集めているものと言えば風力発電でしょう。その名の通り、風の力で風車を回し、内蔵されたタービンを回すことで発電を行うしくみです。

風力発電は再生可能エネルギーのなかではエネルギーの変換効率が良い発電方法で、風の運動エネルギーの**3〜4割を電気に変換することができます**。また、風の運動エネルギーは風速の3乗に比例するため、風速が強くなればなるほどエネルギーの値は加速度的に増加します。たとえば、風速が2倍になれば、エネルギーは8倍になるのです。こうした事実を踏まえれば、大都市の近くに風力発電の施設があってもよさそうですが、設置されているのは山間部や沿岸部などです。なぜでしょうか？

バイオマス▶生物由来の有機性資源（動物の糞尿、建築廃材、サトウキビなど）を燃焼させた熱を利用して電気を起こす発電方式。

都道府県別 風力発電導入量ランキング

やっぱり土地が広い北海道が1位なのね
自然環境への影響から建設に反対する声も多いのよ

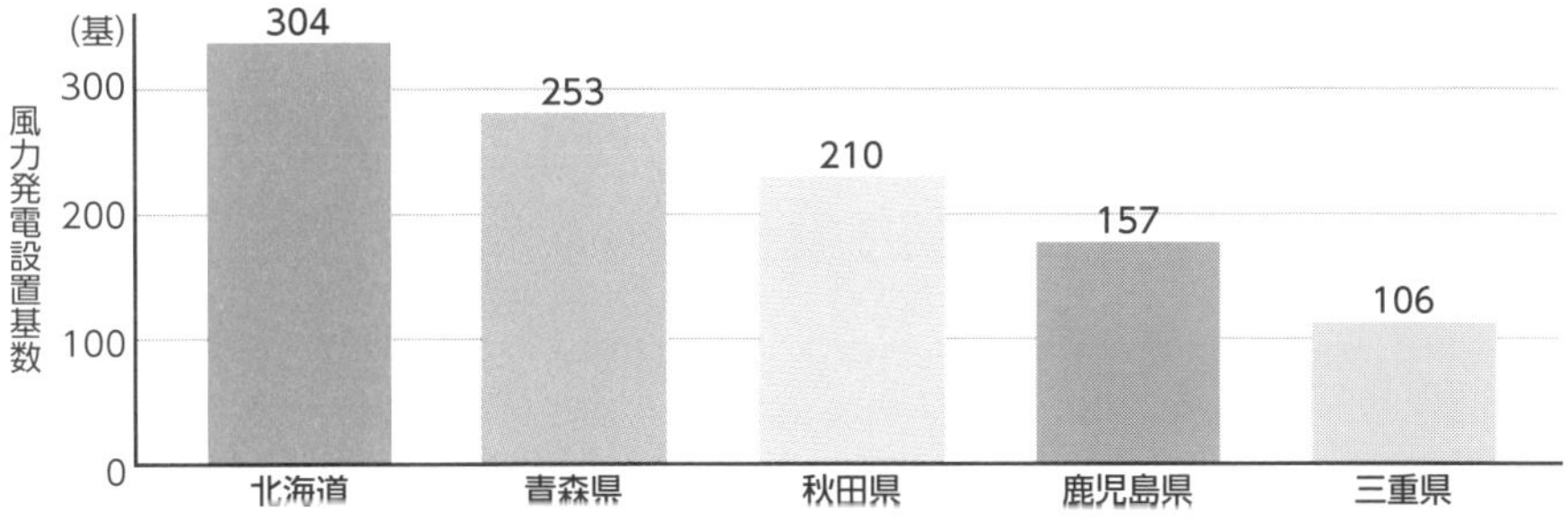
(基)
風力発電設置基数
300
200
100
0
304
253
210
157
106
北海道
青森県
秋田県
鹿児島県
三重県

※国立研究開発法人 新エネルギー・産業技術総合開発機構資料より。

太陽光発電の設置は晴天が多い地域が向くように、風力発電も設置するのに適した場所があります。

第一に、当然、風がよく吹く場所でなければいけません。最適なのは、平均風速6m以上の風が安定して吹く場所。

風速の体感は3・5m以下では風を肌に感じる程度、5・5m以下では木の葉が常にざわざわと動き、それを超えると砂ぼこりが舞う、というイメージです。

つまり、風力発電を行うためには、砂ぼこりが舞う程度の風が常に吹いていることが必要なのです。

ところが人の多く住む平野部では風が弱いことが多く、風速は3m程度にしかなりません。これでは風力発電施設を設置するのに適した環境とは言えないでしょう。

他にも考慮しなければならない条件があります。

まずは、音。

風車の風切り音が大きいため、騒音を考えると、住宅地付近の設置は現実的ではありません。

また、それなりの広さも必要です。20kW程度の小型の発電機を置くとしても、安全確保のためには少なくとも130㎡の土地がなければいけません。住宅密集地でそれだけ広い土地を確保しても、地価が高い割に発電量が少ないため、経済性が悪いのです。さらに、羽根や支柱が巨大なため、建設時の搬入路が広くなくてはならないなど、さまざまな制約や条件があります。これらのことから、風力発電を行うには、広大な土地が確保できる沿岸部や岬、山間部が最適という結論になるのです。

日本は災害が多いので、台風のような突発的な強風や地震にも備えなければいけません。その対策を施すには建設コストがかかります。欧米などに比べて風力発電が普及しないのは、こうした理由もありそうです。

そんななか、注目を集めているのが**洋上風力発電**。広い領海と排他的経済水域を活かして、海の上に風力発電設備を設置しようという試みで、浮体式発電設備の基礎や、陸地に電力を輸送するための送電技術の開発が急がれています。

このように、日本でも技術開発が積極的に行われている風力発電。日本の陸地には適地は少ないかもしれませんが、洋上の風車が私たちの使う電力をまかなってくれる日が来るかもしれません。

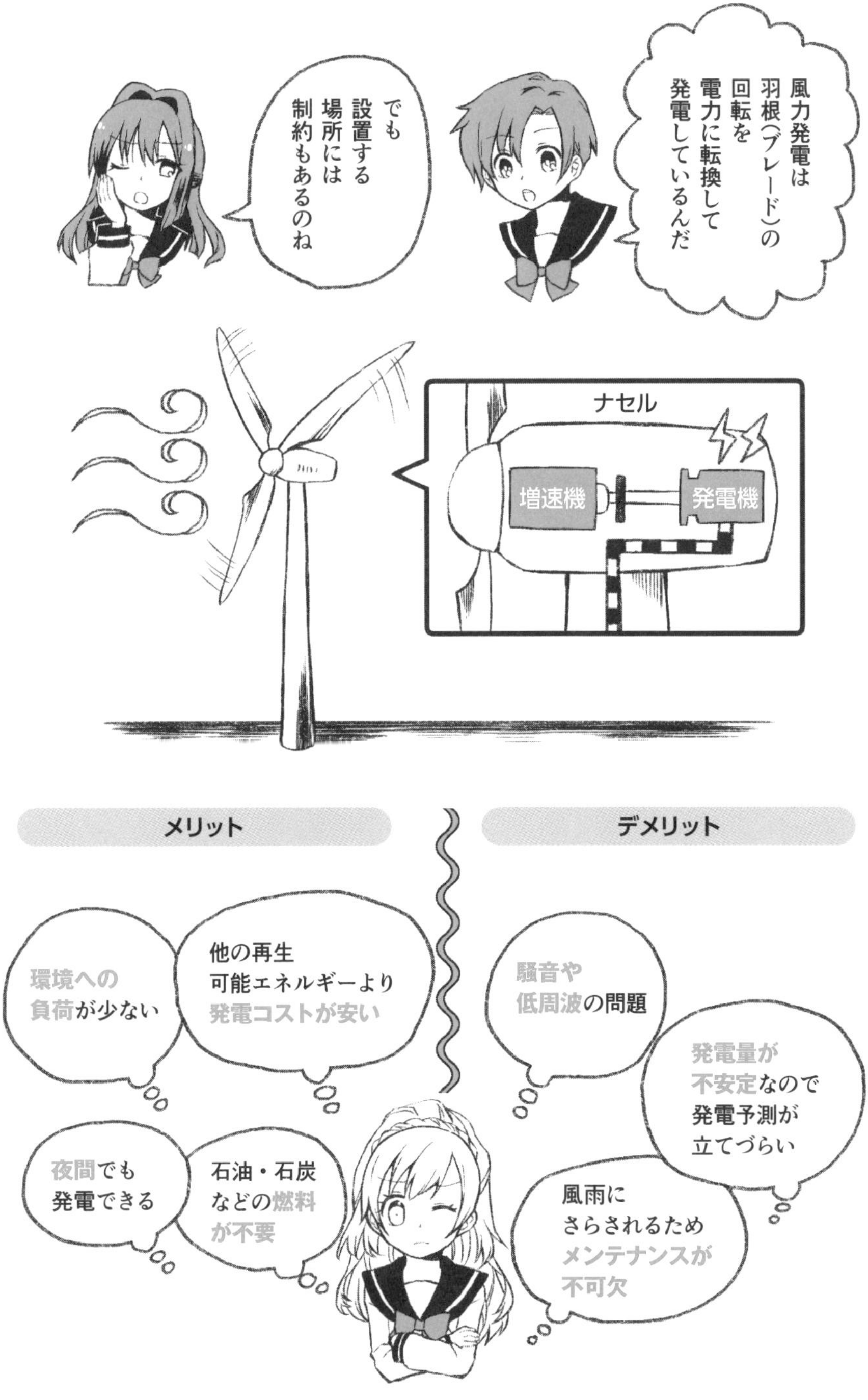
風力発電は羽根（ブレード）の回転を電力に転換して発電しているんだ
でも設置する場所には制約もあるのね
ナセル
増速機
発電機
メリット
環境への負荷が少ない
他の再生可能エネルギーより発電コストが安い
夜間でも発電できる
石油・石炭などの燃料が不要
デメリット
騒音や低周波の問題
発電量が不安定なので発電予測が立てづらい
風雨にさらされるためメンテナンスが不可欠

やりたいけどできない？ 地熱発電の難しさ

２０２０年の統計では、日本の電力供給の内訳は、火力が76・3％、水力が7・8％、原子力が3・9％、太陽光などの再生可能エネルギーが12％となっています。圧倒的に火力が優勢で、しかもその4割は石炭火力。石炭火力は環境負荷が高いとして、国際社会から非難されることもしばしばです。

しかし、環境にやさしく、日本の電力を完全に国産化できるかもしれないという夢のエネルギー源があるのです。そんなエネルギー源がいったいどこにあるのでしょう？

ヒントは私たちの「足元」です。

日本列島は環太平洋造山帯に属し、4つのプレートが交わる場所に位置しています。北海道や本州の日本アルプス以東は北アメリカプレート、日本アルプス以西はユーラシアプレート上にあります。この2つは大陸プレートです。第1章でもふれましたが、日本列島は、この大陸プレートに海洋プレートである太平洋プレートやフィリピン海プレートが衝突している状態です。

海洋プレートが地下深くに潜り込む場所では海溝ができ、そこから離れた場所では**活発な火山活動が発生**します。日本の国土面積は世界の0・25％にすぎませんが、世界中で起きているマグニチュード6以上の地震の22・9％が日本周辺で起きているのです。なにしろ、世界の活火山の7・1％が日本に

地熱発電のしくみ

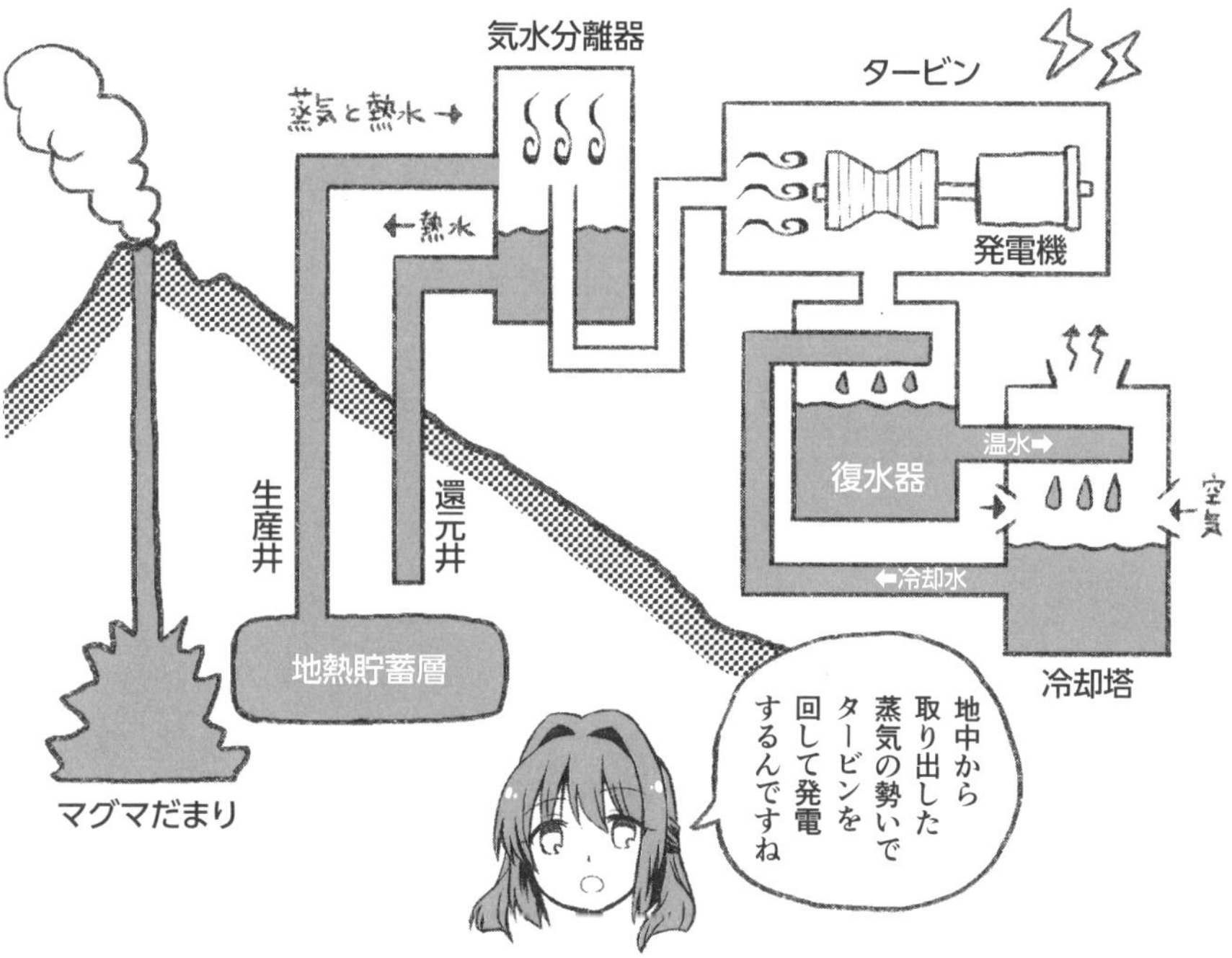
気水分離器
蒸気と熱水→
タービン
発電機
←熱水
生産井
還元井
温水➡
復水器
空気
←冷却水
冷却塔
地熱貯蓄層
マグマだまり
地中から取り出した蒸気の勢いでタービンを回して発電するんですね

集中しているのですから、この結果は当然かもしれません。

　この数字だけを見ると、火山は単に災害をもたらす厄介な存在だと思うかもしれませんが、有益な一面もあります。火山の地下に溜まる熱を使えば「地熱発電」ができるのです。

　地熱発電とは、地中の熱で水蒸気をつくり、その力でタービンを回して発電するという方法のこと。

　日本の地下には膨大な地熱が存在し、それを資源に換算すると、なんと2300万kWというエネルギーを得ることができるのです。これはアメリカやインドネシアに次いで、世界3位の量です。

　しかし、日本の地熱発電量は非常に少なく、2021年現在で総発電量に占める割合はわずか0・2%にすぎません。資源量の40分の1(60万kW、世界10位)しか活用できていないのです。

なぜ、このような有望なエネルギーがありながら、うまく活用できていないのでしょうか。

それは、地熱を利用できる場所が「火山」だからです。

日本では、火山が分布する地域はほぼ**国立公園**に指定されており、そのため開発が厳しく制限されています。そんな場所で井戸を掘り、発電施設をつくることは容易ではありません。

また、現在の地熱発電の方式は「フラッシュ方式」が主体です。これはマグマだまりの近くにある高温の地下水をくみ上げ、タービンを回してから地下に戻す、というしくみです。

フラッシュ方式では地下水脈を掘り当てなければならないのですが、そのための井戸の掘削には数億円という多額の費用がかかります。

このように解決すべき課題を抱えた地熱発電ですが、それでも開発が進めば大きなメリットがあります。一番のポイントは環境にやさしい(CO_2を排出しない)こと。また、すべて国内で発電をまかなえるため、燃料価格高騰の影響を受けることがありません。

日本では2030年までに地熱発電の割合を1%まで増やすことを目標に、経産省と環境省が手を組んで資源調査を本格化させています。

現在の「やりたいけどできない」状態からの脱却が進むのか。今後の取り組みが勝負と言えそうです。

秋田県湯沢市にある山葵沢地熱発電所。2019 年に運転を開始した大規模発電所で出力は 4 万 6199kw を誇る。(写真提供／湯沢地熱株式会社)

現在、発電に使われている地熱は日本の地熱の約40分の一にすぎないと言われています
日本初の地熱発電所
松川地熱発電所
<岩手>
最新の地熱発電所
山葵沢地熱発電所
<秋田>
日本最大の地熱発電所
八丁原発電所
<大分>
※出力 1000kw 以上のもの。

実は環境にいい!? 火力発電の向かう未来は？

火力発電は、先進国、発展途上国を問わず、多くの国で主要な発電方式として用いられてきました。日本においても、火力発電の割合は総発電量の8割以上を占めます。そもそも、火力発電がこれほどまでに普及したのはなぜでしょうか？

火力発電のメリットはいくつかあります。まず、発電量が安定していること。燃料があればいつでも確実に発電でき、自然エネルギーのように天気によって発電量が変わるようなことはありません。また、出力の微調整が可能で、電力の需給バランスに合わせて柔軟に対応することが可能です。

一方、最大のデメリットとして挙げられるのが、温室効果ガスである二酸化炭素（CO_2）を多く排出するため、環境負荷が高いことでしょう。**日本のCO_2排出量の4割が火力発電における化石燃料の燃焼によって発生している**と言われています。

とくに石炭火力発電はその排出量が大きいことから、環境先進国と言われるヨーロッパからは目の敵にされています。再生可能エネルギーが注目を集めるのも、直接的なCO_2排出量の少なさが大きな要因です。

火力発電のしくみ

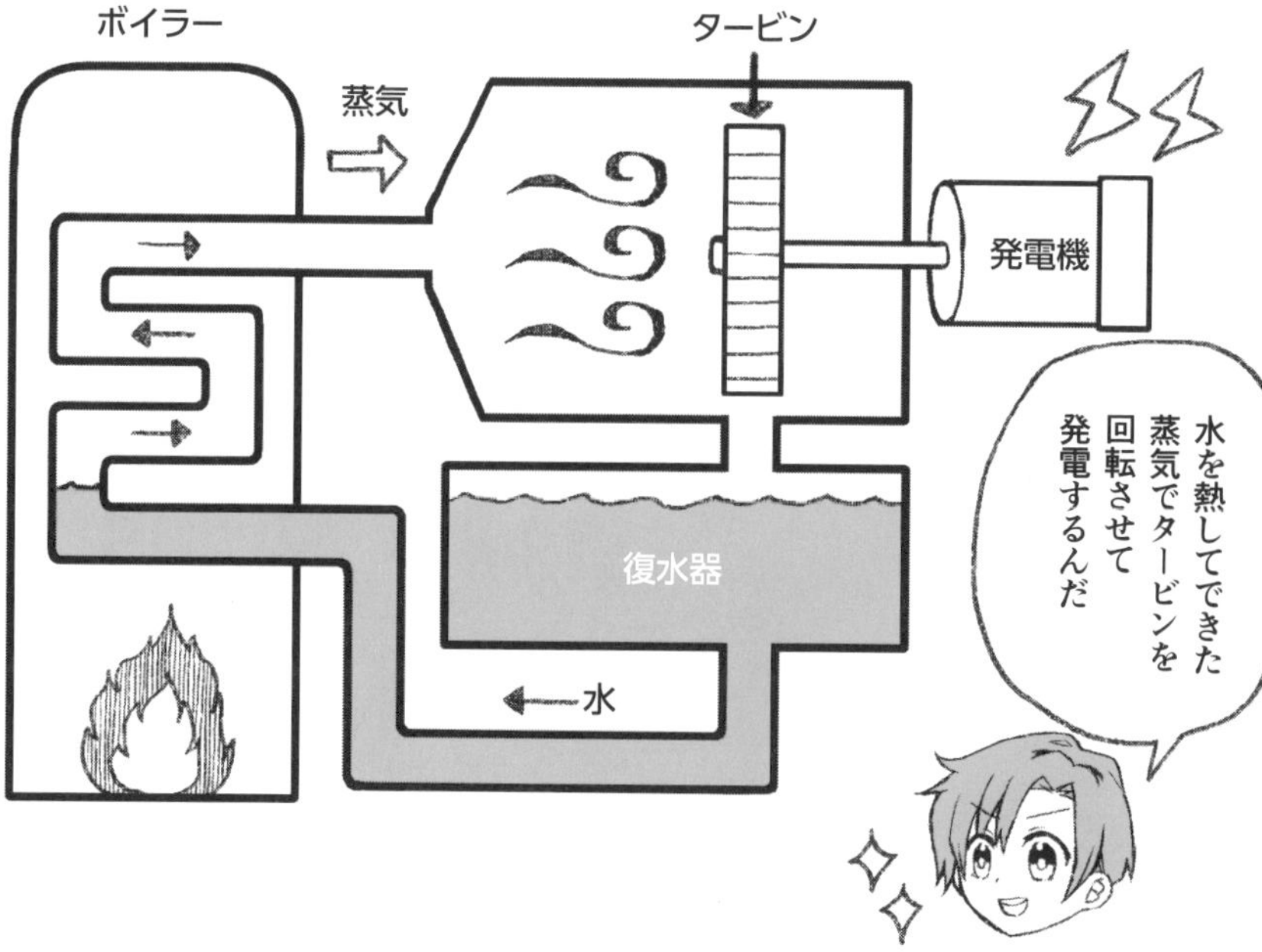
ボイラー
蒸気
タービン
発電機
復水器
水
水を熱してできた蒸気でタービンを回転させて発電するんだ

しかし、本当に火力発電は「環境に悪い」のでしょうか。

火力発電の特徴を見ていくと、そうとも言い切れない面が見えてきます。

火力発電のメリットとして挙げられるのは、発電所の設置に広い土地を必要としないこと。自由度の高さがあります。そのため、発電所を都市部に設置することが可能です。

また、電気は送電する過程で電気抵抗による送電ロスが発生します。

現在、火力発電が主体の状況でも送電ロスは5％ほどとされます。これは大型火力発電所およそ10基分の発電量。送電ロスは送電距離が長いほど大きくなるため、電力消費地の近くに建設が可能な発電所は、送電ロスがそれほど発生しません。そうした面ではエコだと言えるでしょう。

火力発電所の建設は「環境負荷が低い」という特徴があります。水力発電用のダムや太陽光発電のメガソーラーのように、大規模な地形の改変や森林の伐採を必要としません。また、発電施設の構造がシンプルなので、太陽光パネルのような環境負荷の高い素材も不要です。

太陽光発電はソーラーパネルのリサイクル・廃棄の問題がすでに起きつつあり、２０３０年には年間50万t以上の廃棄パネルが発生すると言われているのです。

さらに、火力発電はエネルギー変換効率に優れています。火力発電のエネルギー変換効率は、最も効率の良い天然ガス火力で55％、石炭火力は35〜48％（最新型）とされ、水力の80％に次ぐ数字です。この点、風力は30〜40％、太陽光や地熱、バイオマスなどは20％前後ですから火力より劣ると言わざるを得ません。

とはいえ、火力発電が大量のCO_2を出す事実に変わりはなく、さらに大気汚染物質も排出します。日本は、この問題を解決するためにこれまで技術開発を行ってきました。

その結果、大気汚染物質のかなりの部分を浄化することに成功。さらに、**排出されるCO_2の9割を回収しつつ、47%のエネルギー変換効率を持つ発電所**が試験段階に入っています。

近年、地球温暖化の要因のひとつとして厳しい目を向けられてきた火力発電ですが、環境負荷を大幅に減らしながら活用できる日が、すぐそこまで来ているのかもしれません。

エネルギー効率が良くてもCO2を排出するんじゃね…
そのデメリットを解消する試みが進められているんだって

ゼロエミッション火力発電所

❶ 燃料
水素やアンモニアを燃料にすることで CO_2 の排出ゼロを実現する。

❷ CCS
排出した CO_2 を分離・回収して貯留する技術。これによって排出する CO_2 を大幅に削減できる。

水素
アンモニア

❸ CCUS
分離・回収した CO_2 を工業製品やプラスチックの原料として利用する技術。将来的に CO_2 自体をエネルギーとして活用することも可能になる。

既存の設備を活かしたままCO2削減を実現できるのが特徴なの

経済効率とリスクは紙一重
原子力発電のメリットとデメリット

「電気」をつくるには、何らかのエネルギーを使ってタービンを回さなければいけません。

現在、世界で主流となっているのは、次の3つの発電方式です。

まずは水力発電。先に述べたように発電方式としては最も古くから利用されてきたもので、流水の力で直接タービンを回す方法です。風力発電もこれに近い形だと考えてください。

2つ目が火力発電。世界で最も多く用いられている方式で、主に石炭や石油、天然ガスなどの化石燃料を燃やして水を熱し、水蒸気をつくって蒸気タービンを回す方法です。

そして、3つ目が本項で扱う原子力発電です。

原子力発電は、**ウランやプルトニウムなどによる核分裂が生み出す膨大なエネルギーを熱エネルギーとして取り出し、火力発電と同様に蒸気をつくり出して蒸気タービンを回す**ものです。

その歴史はそれほど古いものではなく、実験炉で初めて核分裂反応を連鎖的に起こすことに成功したのは、1942年のことでした。ちなみに世界初の原子力発電所は、1954年6月にソ連（当時）で運転を始めたオブニンスク原子力発電所です。

原子力発電には、いくつかのメリットがあります。

発電方式 ▶ 他にも光を物体に当てた際に流れる電流（光電効果）を利用した太陽光発電がある。

原子力でどう発電するの?

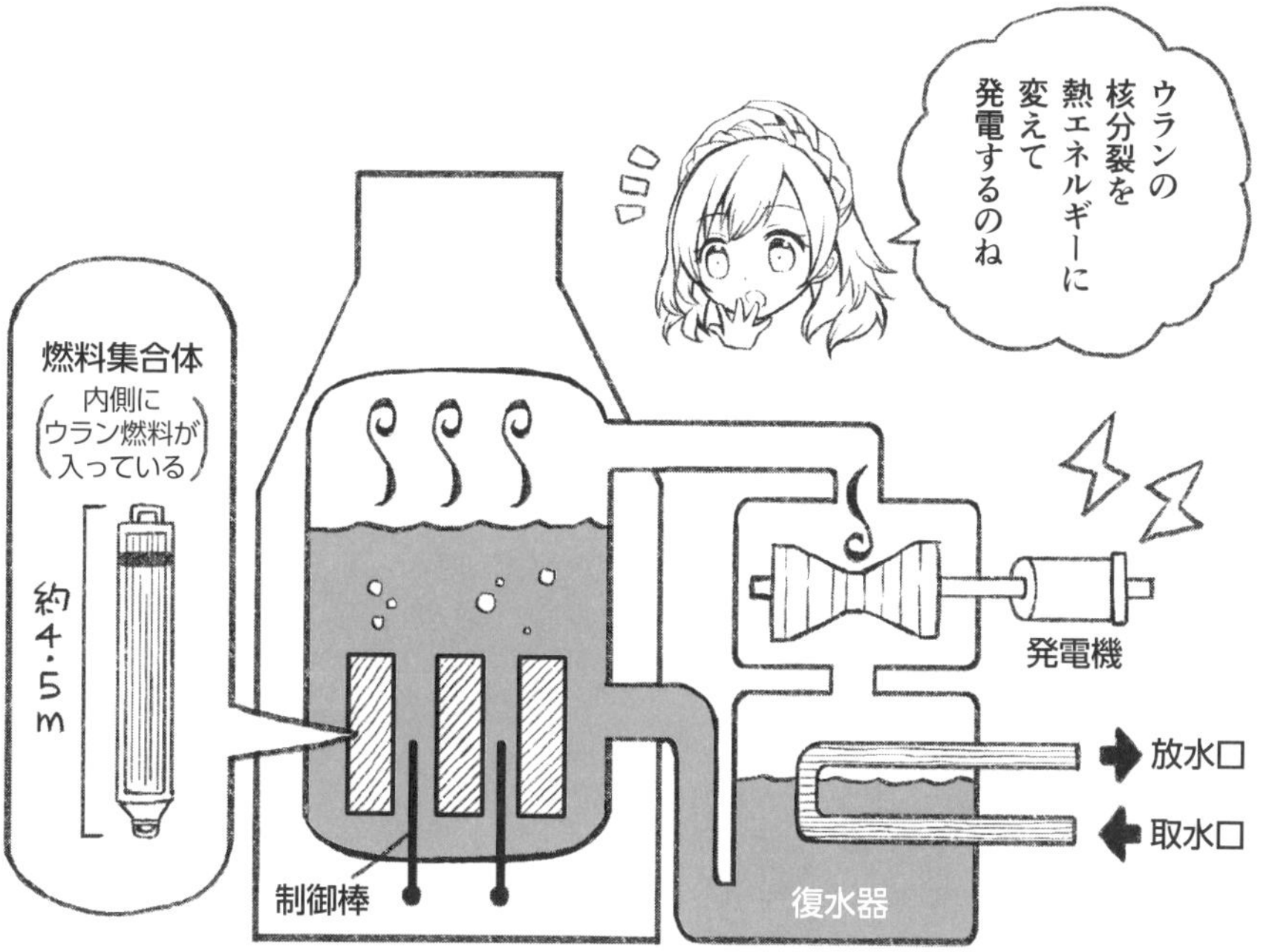
ウランの
核分裂を
熱エネルギーに
変えて
発電するのね
燃料集合体
(内側に
ウラン燃料が
入っている)
約4.5m
制御棒
発電機
放水口
取水口
復水器

まず、化石燃料に比べて燃料コストが安いこと。

100万kWの電力を生み出す原子力発電所を1年間運転した場合の燃料は、濃縮ウラン(ウランを燃料として使えるように濃縮したもの)なら21tです。ところが、天然ガスなら95万t、石油なら155万t、石炭なら235万tの燃料が必要になります。このことから、原子力発電は燃料消費量が少なくて済む、つまり燃料コストが安い発電方式であることがわかります。

さらに、使用済みの燃料を再処理することで、リサイクル燃料として利用することもできます。

また、燃料として使われる代表的な鉱物ウランは、可採年数が石油や天然ガス(50年程度)より長く、100年前後と考えられています。石炭の130年前後よりは短いですが、石炭や石油の枯渇が懸念される中で、利用が推進されてきました。

さらに、ウランの生産国は比較的政情が安定した国が多く、産油国ともあまり被らないため、エネルギー調達のリスク分散が可能です。そして何より、核分裂はCO_2を排出しないため、地球温暖化対策に有効であるとも考えられています。そのため、世界各地で原子力発電所が建設されており、最近になっても小型モジュール炉など次世代原子炉と呼ばれる新たな技術が次々に開発されているのです。

発電の安定性というメリットもあります。原子炉は一度起動すると、天候などに左右されず大量の電力を安定的に生み出します。この点は天候に左右される風力発電や太陽光発電との大きな違いでしょう。

ただし、原子力発電には大きなデメリットがあります。

まずは、**事故の危険性とその影響の甚大さ**です。

１９８６年に起きたチェルノブイリ原発事故、２０１１年の福島第一原子力発電所の事故では、広範囲に放射性物質が放出され、取り返しのつかない被害を及ぼしました。いずれの事故も、安全のためにいまだに立ち入ることすらできない地域が存在します。

また、それだけ危険な施設であることから、テロリストの標的となる可能性も指摘されています。

放射性物質の管理の問題もあります。

最終的に出た高レベル放射性物質、いわゆる「核のゴミ」は、日本での最終処分地が今もまだ決定していません。

数万年という極めて長い期間、厳重に管理する必要があるため、地下３００m以深に埋める地層処分

世界の
原子力発電政策は
どうなってるの？
安全性か
経済成長かで
どの国でも
活発な議論が
行われているわ

積極的

アメリカ
発電所の運転基数、出力、いずれも世界一。

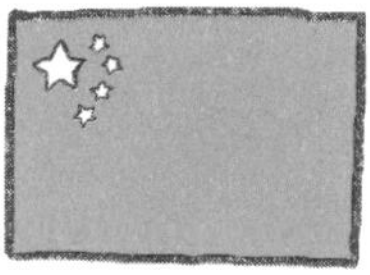

中国
発電所を増設中。2019年に日本を抜いて原子力発電大国に。

フランス
全電力の70％を原子力発電に依存している。

消極的

ドイツ
2023年4月15日に最後の原子力発電所3基が停止。

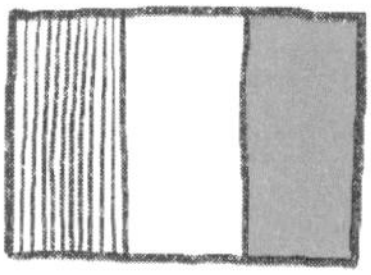

イタリア
福島第一原発の事故を受けて、国民投票で脱原発を決定。

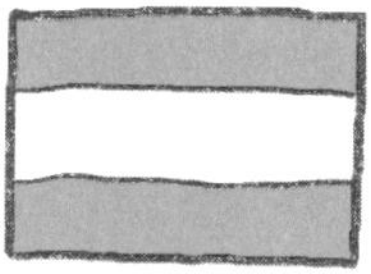

オーストリア
70年代に国民投票で原発反対派が勝利。以来原発は新設されていない。

が検討されていますが、その候補地の選定には極めて慎重にならざるを得ないからです。

燃料費以外のコストの問題も考慮しなければなりません。原子力発電所の建設、管理、解体には、火力発電などと比べると桁違いの費用が必要です。万一事故を起こした場合、事態の収拾にかかる費用は天文学的なものになるでしょう。

このような点から、「原発は低コスト」という見解に疑義を唱える動きもあります。

発電量の微調整ができないところも大きな問題です。原子炉は起動や停止に数日間かかるため、電力需要に合わせて気軽にON／OFFを切り替えるような操作ができません。そのため、電力供給のうち、安定供給の基礎となる**ベースロード電源**としてしか使うことができないのです。

世界を見渡すと、フランスのように原子力発電に対する依存度が高い国もあります。

しかし、日本がそうした国と大きく異なるのは、地理的リスクの高さでしょう。日本は**地震や火山が多い国**であり、他の原子力発電導入国と比較しても、その運用にはかなりの慎重さを要求されます。福島第一原発のような悲劇を再び引き起こさないためにも、既存の原子力発電所をどのように管理していくのか、徹底した議論が必要なのです。

ベースロード電源 ▶ 発電コストが安く、天候や季節、昼夜を問わず、安定的に電力を供給できる電源のこと。

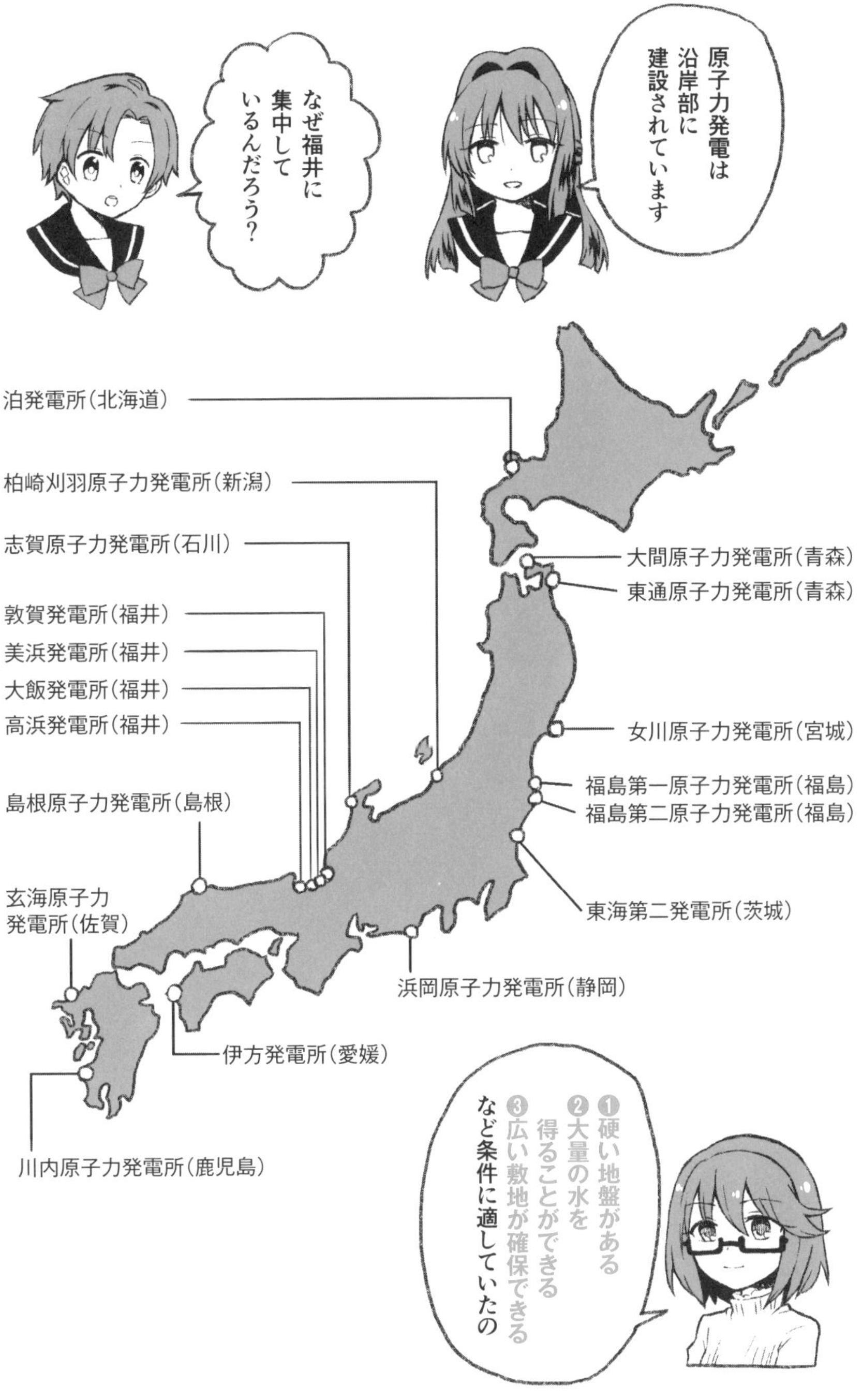
原子力発電は沿岸部に建設されています
なぜ福井に集中しているんだろう?
泊発電所(北海道)
柏崎刈羽原子力発電所(新潟)
志賀原子力発電所(石川)
敦賀発電所(福井)
美浜発電所(福井)
大飯発電所(福井)
高浜発電所(福井)
島根原子力発電所(島根)
玄海原子力発電所(佐賀)
川内原子力発電所(鹿児島)
伊方発電所(愛媛)
浜岡原子力発電所(静岡)
東海第二発電所(茨城)
福島第二原子力発電所(福島)
福島第一原子力発電所(福島)
女川原子力発電所(宮城)
東通原子力発電所(青森)
大間原子力発電所(青森)
❶硬い地盤がある
❷大量の水を得ることができる
❸広い敷地が確保できる
など条件に適していたの

日本の領海には“抜け道”があった!?

日本は島国だから領海が広いんだぞ
なんなら日本の国土より広いくらいだ
「領海」ってなんですか？
その国の主権が及ぶとされる海の範囲ってことよ
では問題です
日本の領海には「抜け道」がありますどこでしょう？
つまりその海域だけ主権が及ばない？そんな場所があるんですか？
実はここ津軽海峡よ
北海道
青森
これは「特定海域」といって国際的な航行を行うためにわざと領海を短くしているんですよ
特定海域は他に「宗谷海峡」「対馬海峡西・東水道」「大隅海峡」があります

拡大し続ける日本の領土・領海

日本の領土・領海は今も拡大しているの！
西之島
「拡大」したのは小笠原諸島西之島です
この西之島は1973年に噴火し面積0・29km^2まで大きくなりました
ザッパーン!!
けど荒波に侵食されて海岸線が後退しちゃったんだよな……
しかし2013年に西之島南南東500mで海底火山が噴火し新たな新島が誕生したのです
元の島
元あった西之島を覆いつくすほど新島の噴火は大きかったんだね！
その結果領海は約4km^2 EEZは約46km^2それぞれ広がったんですよ
日本の拡大はまだまだ続きそうだぜ！

日本が沖ノ鳥島を守る切実な理由

日本の最南端は沖ノ鳥島です
コンクリートで固めてる⁉なんで？
沖ノ鳥島の海抜は1mしかありません
波から島を守るために固めてるんだ
沖ノ鳥島が沈んでしまった場合日本が失う領域は42万km^2です
日本の面積が38万km^2だからそれ以上かよ
これまで護岸工事にかかった費用は750億円以上です
日本の領域を守るためにすごくお金がかかっているんですね

第5章

食べ物から見た日本

寿司のルーツは「東南アジア」にあった？

「すし」と聞いて、私たちがイメージするのは「ちらし寿司」「握り寿司」「巻き寿司」などでしょう。他にも「押し寿司」「棒寿司」など、地方によって多くのバリエーションがあります。そもそも、日本人は「すし」をいつから、どのように食べていたのでしょうか。

日本の「すし」の歴史をご紹介する前に、知っておきたい事実があります。実は「すし」が生まれたのは日本ではありません。また、もともとは今のように酢飯を使った食べ物ではありませんでした。

「すし」が生まれたのは日本のはるか南方、亜熱帯気候の東南アジア内陸部です。この地域では気温や湿度が高いため、せっかく手に入れた魚（川魚）を腐らせてしまうこともありました。そのため、かつてこの地に住んでいた人たちは魚を腐らせずに保存する方法を編み出したのです。それが**発酵**でした。

魚は高温多湿な気候では早く傷《いた》んでしまうため、米と一緒に発酵して保存されていました。かつて文化人類学者の中尾佐助氏、佐々木高明氏らは、アジアの広い範囲で見られる共通の文化を**照葉樹林文化**と呼びました。その文化圏の代表的な食品が、魚を米と塩で発酵させた「なれずし（熟鮓）」

照葉樹林文化 ▶ ヒマラヤ山脈から東南アジア、日本まで広がる照葉樹林帯に住む人たちには、共通する生活文化が存在することから名付けられた言葉。

お寿司のルーツ「なれずし」

すっぱい…!!
魚に米と塩を加えて数カ月熟成させたものがなれずしよ
発酵が進むと馴れる・熟れるから「なれずし」と言うのね

です。

日本には稲作と共に伝来し、奈良時代には朝廷への献上品となっていました。室町時代以前は、「すし」と言えば、この「なれずし」を指していたのです（琵琶湖の名産「鮒《ふな》寿司」にその名残が強く見られる）。

ちなみに室町時代までは、このご飯は食べるものではなく発酵させるための「材料」として使われており、食べる際には取り除かれていました。

やがて、流通網の整備や漁業技術の向上で魚が簡単に手に入るようになると、「なれずし」にも変化が現れます。発酵期間を短くし、米も一緒に食する「なまなれ」がつくられるようになったのです。

なまなれは、塩を振った魚と米を桶《おけ》に積み重ねてつくるもので、今で言う押し寿司や箱寿司にあたるものです。こうして、「すし」は、**保存食から米料理へと変化**していきました。

江戸時代に入ると、庶民の間では米と魚を発酵させないで酢飯を用いる「早ずし」が気軽に食されるようになりました。

江戸時代後期には、「握りずし」が登場。いわば、元祖ファストフードです。

もっとも、この頃の握り寿司はおにぎりほどの大きさがあり、2つに切り分けて手で食べていました。現在でも握り寿司が1皿2貫セットで、手で食べるスタイルになっているのはその名残です。

ただ、江戸時代は保存技術が未熟で生魚を食することは難しく、「ヅケ」など加工した魚を用いていました。すしに生魚が使われるようになったのは明治後期に入ってからです。

このような経緯から、当初「すし」の漢字は語源である酸味の「酸し」に意味が近い「鮓」が使われ、ついで「鮨」が、さらに江戸時代に縁起担ぎでつけられた「寿司」の字があてられるようになったと考えられています。

このように、日本のソウルフードとも言える「すし」は、もとは東南アジアから伝来した稲作文化や発酵食品文化の影響を受けたものでした。それが日本の風土に合わせて、独自の進化を遂げて現在の形になったのです。そんな歴史に思いを馳せながら寿司を味わってみるのも、粋《いき》ではないでしょうか。

日本には地域によって変わったお寿司がいろいろあるんですね

奈良　柿の葉ずし

サバやサケを使った一口サイズの押し寿司。もともとは奈良の山村地域の保存食だった。柿の葉で包むことで乾燥を防いだとされる。

大分　アジの丸ずし

背開きにしたアジの中に酢飯を詰め、赤しそで包んだもの。しそが使われているので長期の保存が可能。

富山　ますずし

塩漬けしたマスと酢飯を木製の曲物（わっぱ）に入れた押し寿司。

秋田　ハタハタずし

秋田の名物ハタハタに米、ショウガ、にんじん、麹などを加えたもの。

保存性をよくして内陸部でも魚を食べられるようにしたのよ

北の海の特産品「昆布」はなぜ西日本で重宝された？

「和食の味付け」と聞いて、真っ先に思いつくのは**出汁**《だし》ではないでしょうか。

出汁の概念が生まれたのは人間が土器を使い始めてからのことで、歴史的には縄文時代にあたります。

そもそも出汁とは、「具材を煮出した汁」のこと。土器を使っていろいろな食材を調理する中で、いくつかの食材の煮出し汁がとくにおいしいことがわかり、料理に用いられるようになったようです。

出汁をとる食材の代表格と言えば、昆布とカツオでしょう。

奈良時代、朝廷には各地の特産品が「税」として納められていましたが、当時の記録を調べると、その中にカツオや昆布などが含まれていたことがわかっています。

ただし、この時代はカツオや昆布そのものが高級食材として扱われていたようです。

現代の出汁に近いものが料理に用いられるようになったのは、鎌倉時代から室町時代にかけて。

平安時代から鎌倉時代の宮中料理について記した『厨事類記《ちゅうじるいき》』という書物の中には「タシ汁」という記述があります。「タシ汁」はコイの身を食する際の調味料とされ、出汁の原型ではないかと考えられています。

ところで、出汁の素材のうち、昆布については少々妙なところがあります。

昆布の95%が北海道産

寒い海で育つ海の恵みなんだな！
種類によって味や香りが全然違うのよ
利尻昆布
稚内
羅臼昆布
羅臼
細目昆布
釧路
長昆布
日高昆布
真昆布
ガゴメ昆布

昆布が成長できるのは冷たい海だけで、産地は北海道、東北の三陸海岸に限られています。

ところが、昆布出汁文化の中心は京都、沖縄なのです。

なぜ産地から遠く離れた場所で多用されてきたのでしょうか。

昆布出汁が西日本に広まったのは、大きく2つの理由があると考えられています。

江戸時代に入り、流通網の整備が進むと、蝦夷地（現在の北海道）から多くの物産がもたらされるようになりました。

とくに大きく貢献したのが、江戸の材木商だった河村瑞賢によって開拓された「西廻り航路」です。日本海の要所を回って西に向かう「北前船」は、北海道や東北の物産を当時の「天下の台所」大坂（現在の大阪）に運びました。

昆布は軽くてかさばらず、保存がきくという特徴があります。そのため、重要な輸出品のひとつとして、薩摩（現在の鹿児島県）経由で琉球にもたらされました。

この西廻り航路から琉球に至るルートが**昆布ロード**です。このルート上では良質な昆布が容易に入手できたことから、西日本で昆布出汁が愛用されるようになったと考えられています。

西日本で昆布が重宝されるようになったのは、別の理由もあります。ひとつは水質の問題。日本の水の水質は、西日本が軟水（ミネラル分が少ない＝硬度が低い）、東日本が硬水（ミネラル分が多い＝硬度が高い）に大別されます。昆布の出汁は軟水の方が出やすいという特徴があるのです。さらに、東日本、とくに江戸では農業や建設業など肉体労働に従事する人が多く、濃いカツオ出汁が好まれました。一方、西日本、とくに京（京都）は公家文化が受け継がれており、上品な昆布出汁が好まれたと言われています。

現在では、「合わせ出汁」など多様な出汁が普及しており、昔ほど東西の違いはなくなりました。ただ、カップ麺には関東仕様（しょうゆベース）と関西仕様（出汁ベース）のスープがありますし、コンビニの「おでん」も地域によって味が異なるなど、出汁の違いはそれなりに意識されているようです。

一口に和食と言ってもそのベースはさまざま。旅行をしたときには、出汁の味を意識しながら「ご当地の味」を楽しんでみるのも面白いかもしれません。

寒い地域の特産品がなんで
西日本の料理に愛用されたの？

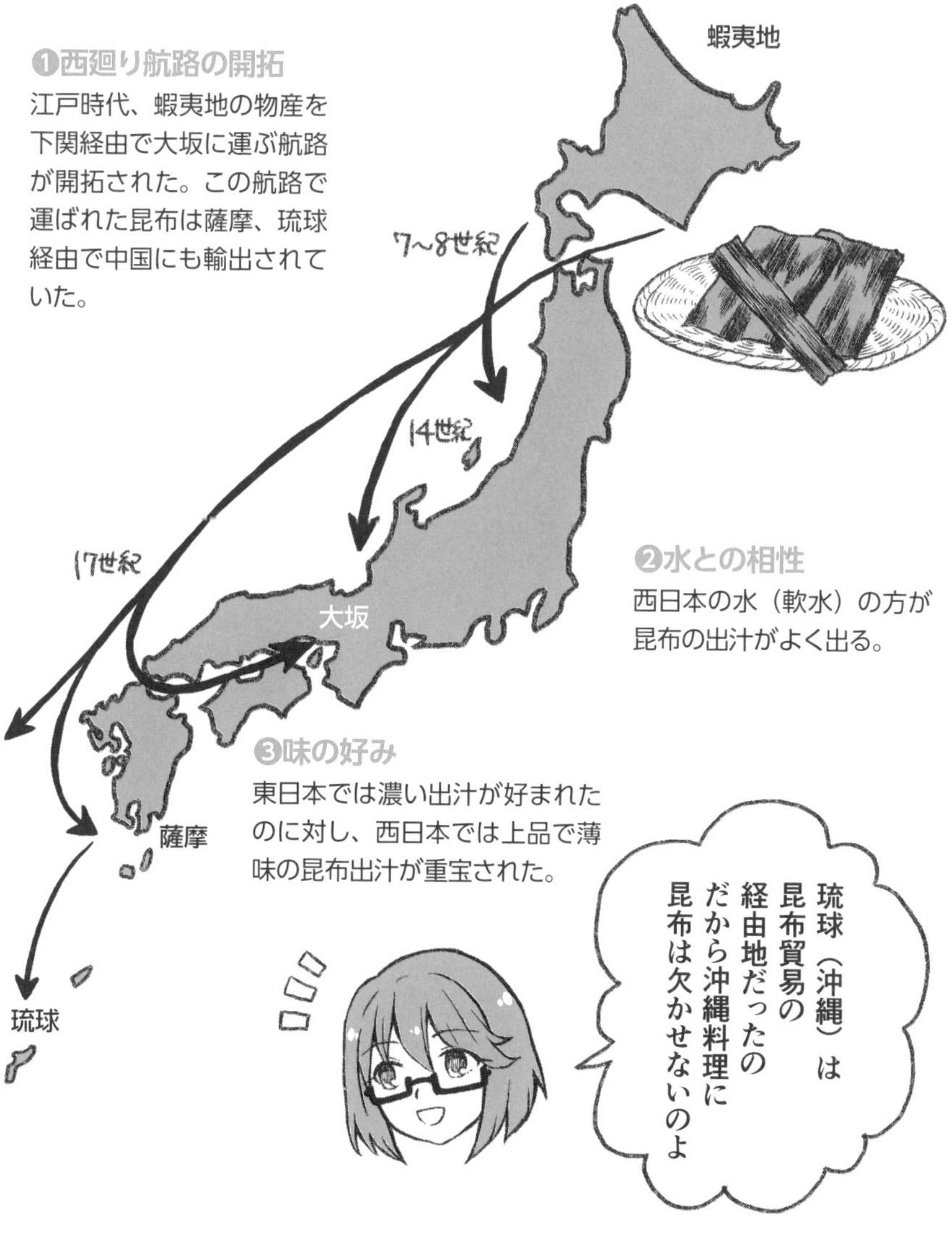
蝦夷地
7〜8世紀
14世紀
17世紀
大坂
薩摩
琉球
琉球（沖縄）は
昆布貿易の
経由地だったの
だから沖縄料理に
昆布は欠かせないのよ

❶西廻り航路の開拓

江戸時代、蝦夷地の物産を下関経由で大坂に運ぶ航路が開拓された。この航路で運ばれた昆布は薩摩、琉球経由で中国にも輸出されていた。

❷水との相性

西日本の水（軟水）の方が昆布の出汁がよく出る。

❸味の好み

東日本では濃い出汁が好まれたのに対し、西日本では上品で薄味の昆布出汁が重宝された。

九州ではどうして焼酎の生産が盛んなの？

「酒」は食文化の中でも独特の地位を築いてきました。穀類や肉、野菜などは、人間が生存に必要な栄養素を摂取するためのもの。しかし、酒類は栄養素として必須なわけではありません。それは「嗜好品」であり、ある意味ではクオリティ・オブ・ライフ（ＱＯＬ）を高めるためのものでした。

日本のお酒の中で、とくに長い歴史を持つのが、**焼酎**と**日本酒**でしょう。

焼酎は蒸留酒の一種。その起源は諸説ありますが、有力なのは東南アジアのシャム（現在のタイ）でつくられていたラオロン（米を原料にした蒸留酒）が琉球経由で日本に伝わったという説です。15世紀頃になるとシャムとの交易が減少したことからラオロンの入手が難しくなり、すでに伝わっていた製法を使って「泡盛」がつくられるようになったと考えられています。

16世紀頃には、薩摩に泡盛の製法が伝わり、米の蒸留酒（焼酎）がつくられるようになりました。泡盛の製造に使われていた黒麹《くろこうじ》は温暖な気候を好むため、薩摩であれば問題なく麹菌を育てることができたのです。

しかし、薩摩には米焼酎の製造にとって致命的な弱点がありました。

そもそも「米の生産に向かない地域」だったのです。薩摩の土地の多くを占めるシラス台地は、火山

蒸留酒はどこから伝わった？

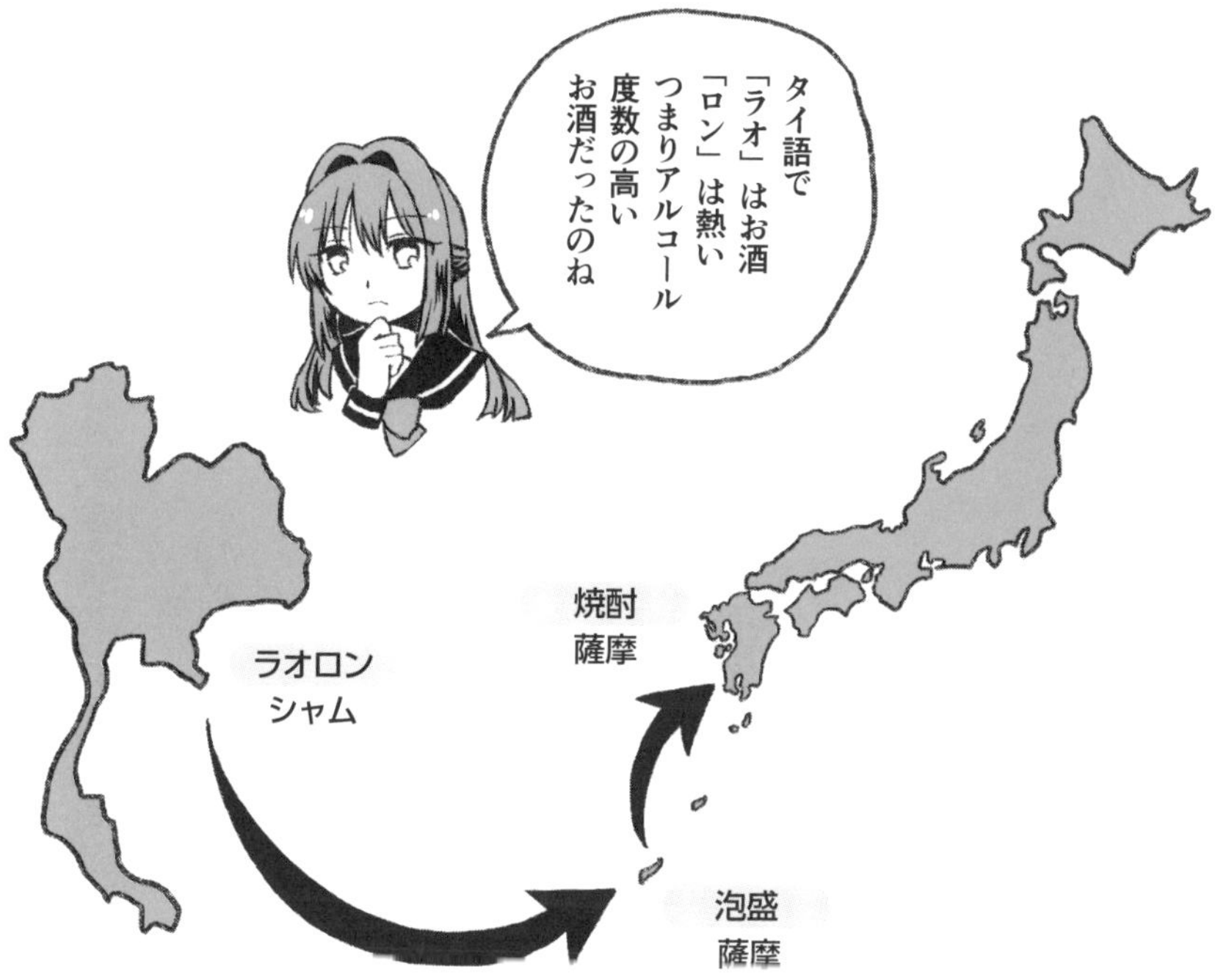
タイ語で
「ラオ」はお酒
「ロン」は熱い
つまりアルコール
度数の高い
お酒だったのね
ラオロン
シャム
焼酎
薩摩
泡盛
薩摩

灰が厚く堆積したものです。この地形は稲作にはあまり適していません。また、かつて米は食糧として大変貴重なもので、それを大量に消費する米焼酎の生産は合理的とは言えませんでした。

ところが、１７０５年に鹿児島に持ち込まれた、ある食材が「救世主」となります。**サツマイモ**です。

シラス台地での栽培に向くサツマイモは、薩摩藩の後押しもあり、瞬く間に栽培面積を拡大。そして、サツマイモを使った芋焼酎の生産が盛んになったのです。

焼酎の製法は九州各地に伝わりましたが、多くの地域では、米ではなく麦や雑穀などを用いた焼酎が生産されました。

これは、サツマイモが米と同様に年貢用の作物や主穀だったことから、焼酎造りに利用することが難しかったからだとされています。このように、焼酎は南方から伝わり、琉球や九州の気候風土に適応した形で製造が広がっていきました。

一方、日本酒の製造が始まったのは紀元前4世紀頃と言われており、稲作の伝来と深く関連しています。酒は神聖なものとして神に供え、神事の際に口にする風習がありました。「酒」の語源が、「栄え（さかえ）」と「神酒（みき）」の合成とされている点からもその役割がうかがえます。

日本酒は、米のでんぷん質を麹菌の力によって糖に変えつつ、酵母の力で糖をアルコールに変えるという「並列複発酵」という技術を使っており、品質のコントロールが極めて難しいことが特徴です。そのため、**杜氏**《とうじ》という日本酒づくりの専門職が生まれました。

日本酒の生産に適しているのは、「仕込み」が行われる冬季の気温が安定する地域。かつ、米の産地や集散地です。そのため、日本酒はこの条件に合致する北陸や近畿での生産が盛んになったのです。ちなみに、民衆の間で日本酒が気軽に飲めるようになったのは江戸時代になってから。当時の日本酒の年間消費量は、ひとりあたり70L前後とする説もあり、日本酒は広く愛される嗜好品だったようです。

このように、焼酎と日本酒は古くから各地で製造されてきましたが、そのルーツをたどると土地ごとの気候風土に順応しつつ、徐々にその在り方が変化してきたことがわかります。お酒を選ぶ際にも、産地やその酒が育った風土を考えつつ嗜《たしな》むと、また違った味わいになるかもしれません。

なぜ九州で焼酎の生産が盛んなの？

❶日本酒の製造に不向きな土地

酒の製造には麴（こうじ）が使われるが、日本酒の製造で使われる黄麴は気温が高いとうまく発酵しない。そこで九州では黒麴を使って焼酎がつくられた。

❷蒸留酒の伝来ルート

蒸留酒は中国から長崎経由で伝えられたという説もある。

❸原材料の産地

焼酎の原料となる芋、麦、蕎麦などの産地だった。

「納豆と言えば茨城」のイメージが定着したのはなぜ？

「ごはんのおとも」として食卓に並ぶ食品の中で、納豆はとくに異彩を放つ食べものでしょう。「大豆食品」「発酵食品」「ネバネバ食品」という特徴から、健康に良い食品であることはよく知られています。免疫力をアップする食品としてメディアに紹介されたことから、コロナ禍で爆発的に需要が増え、一時、店頭からその姿が消えたこともありました。

「納豆」と聞いてすぐに連想されるのが、茨城県の**水戸納豆**でしょう。

しかし、水戸の気候は特別なものではありません。納豆菌は温暖で多湿な環境を好むのですが、水戸にこうした気候的な特徴はなく、納豆づくりに強いアドバンテージがあるわけではなさそうです。

では、なぜ水戸で納豆が盛んにつくられるようになったのでしょうか。

納豆の起源に関する最も古い説は、縄文時代末期から弥生時代にかけてだとされています。竪穴式住居の床に敷かれていた稲わらに煮豆が落ちたことで、偶然生まれたとする説です。証拠はないものの、竪穴式住居には適度な温度と湿度がありますから、十分あり得る仮説でしょう。

歴史に登場する初めての納豆は、現在の「糸引き納豆」ではなく、麴菌で発酵させた「塩辛納豆」で

納豆はアジア各地で食べられている

した。

　これは糸を引かない納豆で、別名「寺納豆」と呼ばれていました。江戸時代の『本朝食鑑』という書物では、寺の納所（台所）でつくられたことが名前の由来だと記されています。

　では、「糸引き納豆」が歴史に初めて登場するのはいつ頃なのでしょうか。

　水戸で納豆が生まれた理由には、いろいろな言い伝えが残っています。

　平安時代末期の1083年、奥州（現在の東北地方）で「後三年の役」という戦乱が起きました。このとき、戦いが長引いたため、急遽農民から馬の飼料となる大豆を供出させたところ、煮た後によく冷まさずに俵に詰められた豆が偶然発酵して「納豆」になったという説があります。

また、源義家が長者山（現在の水戸市渡里町）にある一盛長者の屋敷に泊まった際、馬の飼料である煮豆の残りから納豆ができ、それがとても美味だったことから義家に献上されたという説もあります。

2つの説の真偽はわかりませんが、いずれにせよ、水戸地方は古くから台風や風水害に強い小粒大豆の産地でした。この豆はもともと早生で収穫期が早いという特徴もあり、**各農家が自家製の納豆をつくっていた**ようです。

この小粒大豆を使った納豆を大ヒットさせたのが、江戸時代末期の水戸藩士・笹沼清左衛門《ささぬませいざえもん》でした。清左衛門は「江戸では糸引き納豆が好んで食される」という文書を偶然目にしたことから、納豆の売り込みを決意。試行錯誤の末、近代的な食品加工業として納豆の生産を成功させます。

清左衛門が「水戸天狗納豆」を創業したのは1889年。この年は水戸から小山（栃木県）まで鉄道が開通した年で、納豆売りの少年たちが水戸駅前で商品を販売しました。小粒で口当たりがよく、わらの香りがついた天狗納豆は水戸土産として大人気となり、全国区の知名度を得ることに成功しました。このときから、「納豆と言えば水戸」というイメージが定着したのです。

ちなみに、関西人は納豆嫌いが多いと言われています。関西は比較的雪が少ない地域が多く、年間を通して食材が手に入りやすかったことから、「保存食」としての納豆を食べる習慣がなかったことが理由だと言われています。しかし、近年は関西でも納豆の消費は増えており、「関西人＝納豆嫌い」という話は過去のものとなりつつあるようです。

納豆の生産量日本一は茨城県！
じゃあ、消費量でも日本一なのかな？

納豆の年間消費支出額（2人以上の世帯）
（単位：円）
1位 福島市（福島県） 6,949
2位 前橋市（群馬県） 6,367
3位 盛岡市（岩手県） 6,195
4位 水戸市（茨城県） 5,961
5位 青森市（青森県） 5,782
※2022年統計　茨城県HPより。

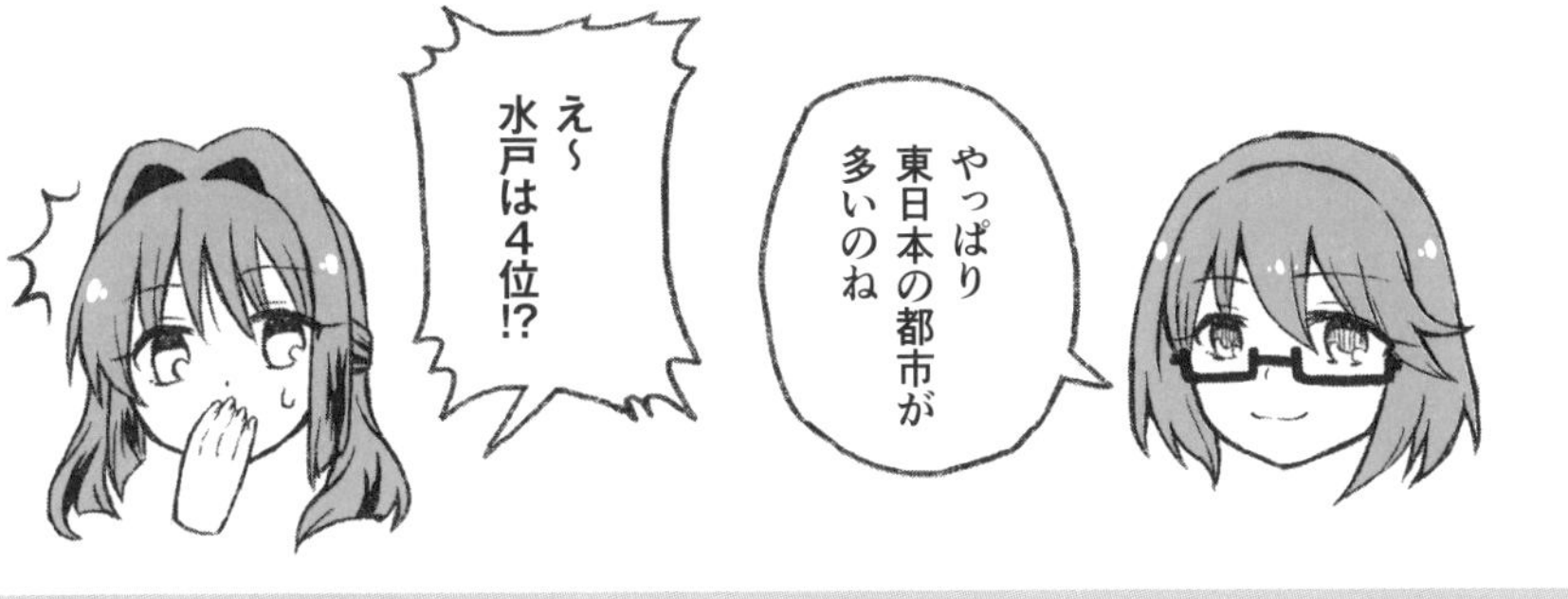
やっぱり東日本の都市が多いのね
え〜水戸は4位!?

納豆の容器はなぜ発泡スチロール？

もともと納豆の容器には稲わらが使われていましたが、汚れた稲わらで食中毒が発生する事案が発生。衛生面に優れた発泡スチロールが使われるようになりました。また、メーカーでは蒸した大豆に納豆菌を加えたものを発泡スチロールに詰めます。発泡スチロールは保温性に優れているので、容器の中で発酵が進み、私たちの食卓にあがるときにはおいしい納豆ができているのです。

どうして青森県でりんごの栽培が盛んなの？

多様な気候に恵まれた日本では、1年を通してさまざまな果物を手に入れることができます。なかでも、晩秋から春先に出回る代表的な果物と言えば、りんごでしょう。実が大きく、甘味・酸味など品種によって多様なバリエーションがあり、生食はもちろん、パイなどの菓子類にも幅広く使うことができる果物の「万能選手」です。

現在、市場に出回っているりんごは、いつ頃から栽培されているのでしょうか。私たちがスーパーなどで購入している一般的な大玉品種は、「西洋りんご」と呼ばれるものです。もともと日本では、平安時代から**和りんご**と呼ばれる小玉で酸味が強い品種が栽培されていました。ところが明治時代に西洋りんごが導入されてからは、生産が減少。戦後はほとんど見られなくなり、現在は長野県や滋賀県などでわずかに残るのみとなっています。

西洋りんごは1871年にアメリカから伝えられました。そして、現在、この西洋りんごの国内生産量の約6割を青森県が占めています。なぜ、青森県でりんご栽培が盛んになったのでしょうか。これには、青森県の気候や地形、そして社会的な事情が深く関係しています。

りんごはどこからやってきた?

りんごの原産地は中国や中央アジアの山岳地帯
日本に入ってきたのは平安〜鎌倉時代「和りんご」と呼ばれる小さくて酸っぱい品種だったんだな
コーカサス山脈
天山山脈
ちまっ
ふじ
和りんご

りんごは果樹の中でも寒さに強く、日照不足や極端な高温、多湿を苦手とする植物です。

栽培適地は年平均気温6℃〜14℃のエリア。収穫期を終えて休眠期に入る4月頃と、果実が色づく10月頃には一定期間低温にさらされなければいけません。

そのため、温暖な地域では「果実が休眠から覚めない」「色づかない」などのリスクがあり、栽培には不向きとされます。

さらに、栽培地には「水はけが良い」「極端に乾燥しない」「多雨ではない」という条件もあります。

青森県は、奥羽山地や津軽山地が交わる地域。山麓から延びる平野部は水はけも良く、雪どけ水由来の地下水も豊富で、**りんごの栽培に適した土地**だと言えるのです。

また、西洋りんごが伝わった明治時代は、多くの武士たちが職を失い、社会不安が高まっていた時期でした。

そこで、元武士たちへの授産（仕事を与える）として「りんご栽培」を積極的に勧めたのが、青森県庁職員だった菊池楯衛《たてえ》氏です。

菊池は「青森りんごの開祖」と言われる人物で、自身も元武士でした。藩士時代から果樹生産の研究をしており、その経験から西洋りんごの優位性を見抜いていたのです。

しかし、りんごの栽培は一筋縄ではいかず、品質の維持や病虫害対策に苦心しました。

その後、収穫が容易な苗木の開発や、青森を代表する品種「ふじ」の開発などを経て、青森は「りんご王国」としての地位を確立していったのです。

近年、**ＣＡ貯蔵法**という革命的な技術が開発されました。

これは、貯蔵庫内の大気組成を人工的に変え、冷蔵と組み合わせて青果を長期的に貯蔵する技術です。

この貯蔵法により、高品質なりんごが年間を通して出荷できるようになりました。

青森にはこの貯蔵庫をとり入れた設備が７００カ所以上あります。その収容能力は、実に35万ｔ。

このように、古くからの取り組みと最新の技術を組み合わせて、青森県は今も日本一のりんごの出荷量を維持し続けているのです。

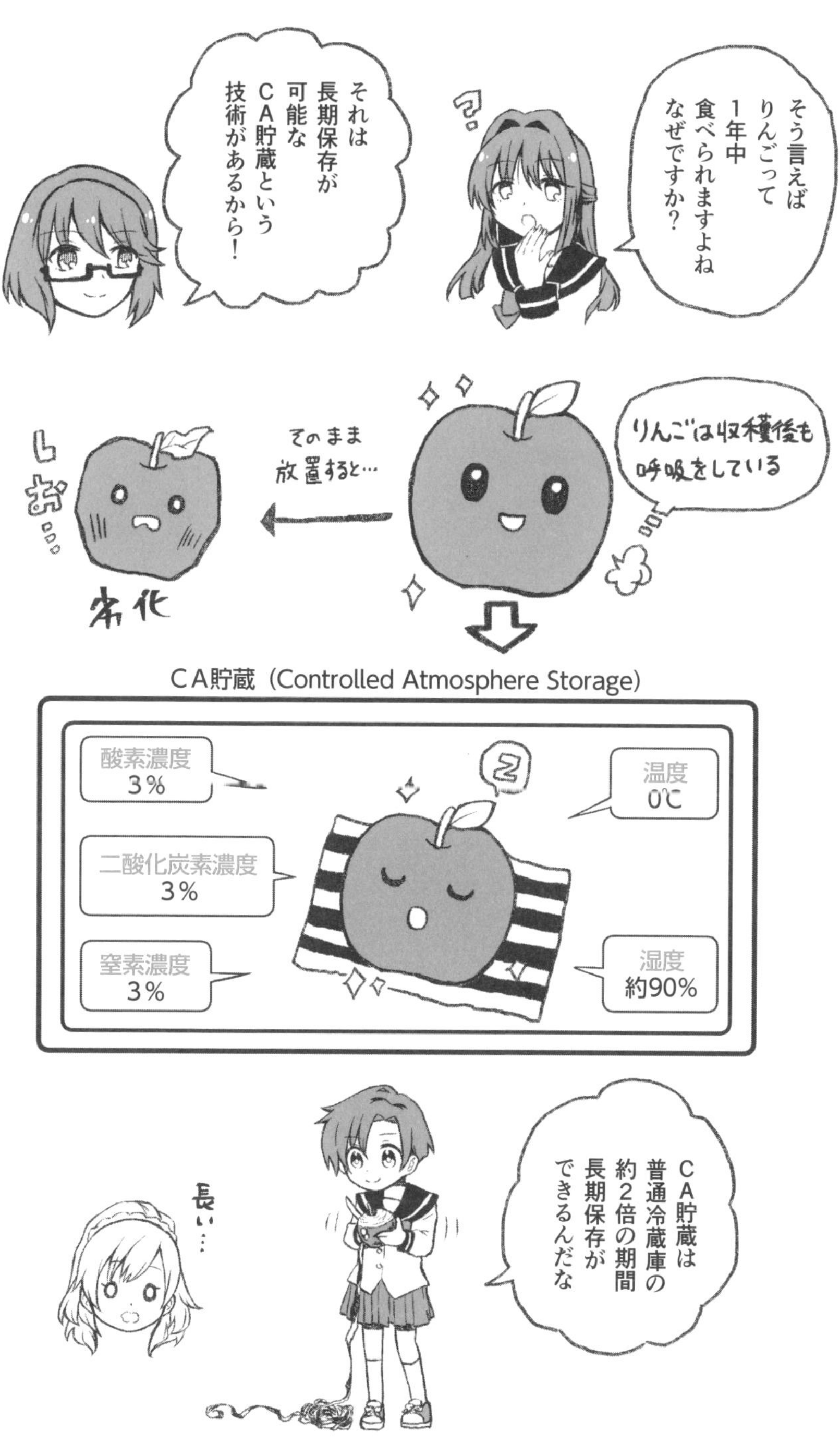

そう言えば りんごって 1年中 食べられますよね なぜですか？
それは 長期保存が 可能な CA貯蔵という 技術があるから！
りんごは収穫後も 呼吸をしている
そのまま 放置すると…
しお…
劣化
CA貯蔵（Controlled Atmosphere Storage）
酸素濃度 3％
温度 0℃
二酸化炭素濃度 3％
窒素濃度 3％
湿度 約90％
CA貯蔵は 普通冷蔵庫の 約2倍の期間 長期保存が できるんだな
長い…

日本の島の数が増えたのはなぜ?

日本の島の数はいくつか知ってる?
?
6852だぜ!
それは不正解です国土地理院が2023年に計測し直した結果
1万4125島であることがわかりました
なんでそんなに増えたんだ!?
かつては島の確認手段が「目視」だったため地図に載っていない島もありました
現在は人工衛星の活用によってより正確に島の判断ができるようになりました
え!?目視だったの?
島は増えましたが国土の拡張にはつながっていないようです
江の島
①
②
③
④
⑤
⑥
⑦
②〜⑦も1つの島としてカウントしている
科学技術の向上が日本の姿を明確にしたんだな

どうして新潟は米の名産地なの?

稲って暖かい地域の作物じゃないの?
なんで生産量のトップが豪雪地帯の新潟なの?
東南アジアの稲作風景
稲の収穫を増やすためには昼夜の気温差が必要です
寒い地域の方が寒暖の差が大きいので米づくりに適しているんです
新潟には信濃川から肥沃な土が運ばれてくるんですよね
信濃川
さらに水はけの悪い「潟」が多く水田をつくりやすかったのです
寒さに強い品種をつくるために品種改良を何度もしたんだぜ!
稲の栽培には多くの工夫があるんですね

おわりに

最後までお読みいただき、ありがとうございます。

読者のみなさんの中には、

「テスト勉強で教科書を必死に暗記したのに、テストが終わったらすべて忘れていた……」

そんな学生生活を送っていた人もいるかもしれません。本書を読んで、記憶があいまいになっていた地理の知識を少しでも思い出してもらえたのなら、うれしく思います。


冒頭のマンガで北川さんが、こんなふうに言っていました。

「地理なんて勉強する意味あるの？」

もしかしたら、同じように感じた人もいるでしょう。

しかし、地理を学ぶと、今まで見ていた光景がまったく違ったものに見えてきます。

みなさんも、本書で琵琶湖や富士山の成り立ちを知ってから、これまでとは違ったイメージを持たれたのではないでしょうか。

見慣れた風景や知っている土地が違ったものに見える――。

これこそが地理を学ぶ楽しさであり、醍醐味なのです。


かつて、私の教え子のひとりに勉強が苦手な生徒がいました。

最初は授業にも集中できず、当然、テストの点数もあまりよくありませんでした。

しかし、地理の授業を通して、段々と世界のことに興味を持つようになったのです。

知識を身につけることで、世界が変わって見える喜びを手に入れたのでしょう。

高校卒業後は、オーストラリアやフィリピンなど、海外に積極的に出かけていくようになりました。

その生徒に久しぶりに会ったとき、こんなふうに言ってくれたことは生涯忘れません。

「先生、私の人生は地理の授業のおかげで大きく変わりました」

みなさんも、地理を勉強したあとは、その知識とともに外に出てみてください。

そして、学んだ知識をご自身の目で確かめてみてください。

そこにはきっと、今までとは違う光景が広がっているはずです。

地理おた部（四倉武士）

参考文献&ウェブサイト

● 書籍

『教養としての日本地理』浅井 建爾／エクスナレッジ(2021)

『47都道府県の歴史と地理がわかる事典』伊藤 賀一／幻冬舎 (2019)

『年代で見る 日本の地質と地形：日本列島5億年の生い立ちや特徴がわかる』高木 秀雄／誠文堂新光社 (2017)

『日本の気候変動5000万年史 四季のある気候はいかにして誕生したのか』佐野 貴司、矢部 淳、齋藤 めぐみ／講談社 (2022)

『日本列島の地形学』太田 陽子、鎮西 清高、野上 道男他／東京大学出版会 (2010)

『海洋資源大国めざす日本プロジェクト！ 海底油田探査とメタンハイドレートの実力』石川 憲二／KADOKAWA (2013)

『川のなんでも小事典　川をめぐる自然・生活・技術』村本 嘉雄、瀬口 雄一、細田 尚 他／講談社 (1998)

『地震と火山(新版地学教育講座)』安藤 雅孝、早川 由紀夫、藤田 至則他／東海大学出版会 (1996)

『科学の目で見る 日本列島の地震・津波・噴火の歴史』山賀 進／ベレ出版 (2016)

『富士山噴火と南海トラフ 海が揺さぶる陸のマグマ』鎌田 浩毅／講談社 (2019)

『地上資源が地球を救う　都市鉱山を利用するリサイクル社会へ—』馬場 研二／技報堂出版 (2008)

『日本列島100万年史 大地に刻まれた壮大な物語』山崎 晴雄、久保 純子／講談社 (2017)

『フォッサマグナ 日本列島を分断する巨大地溝の正体』藤岡 換太郎／講談社 (2018)

『なぜ、その地形は生まれたのか？ 自然地理で読み解く日本列島80の不思議』松本 穂高／日本実業出版社 (2022)

『エネルギー・シフト 再生可能エネルギー主力電源化への道』橘川 武郎／白桃書房 (2020)

『再生可能エネルギー主力電源化と電力システム改革の政治経済学 欧州電力システム改革からの教訓』長山 浩章／東洋経済新報社 (2020)

『焼酎の科学　発酵、蒸留に秘められた日本人の知恵と技』鮫島吉廣、髙峯和則／講談社(2022)

『日本酒の科学　水・米・麹の伝統の技』和田 美代子、高橋 俊成(監修)／講談社(2015)

『Functional Food Vol.10 No.1 2016 特集：発酵食品の歴史・食文化と機能性』小泉 武夫／フジメディカル出版 (2016)

『中尾佐助著作集〈第6巻〉照葉樹林文化論』中尾 佐助／北海道大学出版会(2006)

『日本の食文化史　旧石器時代から現代まで』石毛 直道／岩波書店(2015)

『食と日本人の知恵』小泉 武夫／岩波書店(2002)

『日本の伝統　発酵の科学　微生物が生み出す「旨さ」の秘密』中島 春紫／講談社 (2018)

ウェブサイト

内閣府 https://www.cao.go.jp

国土交通省 https://www.mlit.go.jp

経済産業省・資源エネルギー庁 https://www.enecho.meti.go.jp

農林水産省 https://www.maff.go.jp

環境省 https://www.env.go.jp

国土地理院 https://www.gsi.go.jp

茨城県 https://www.pref.ibaraki.jp/kikaku/tokei/fukyu/tokei/furusato/055.html

J-POWER(電源開発) https://www.jpower.co.jp

国立研究開発法人 物質・材料研究機構 https://www.nims.go.jp

国立研究開発法人 科学技術振興機構 https://www.jst.go.jp

国立研究開発法人 産業技術総合研究所 https://www.aist.go.jp

公益財団法人 日本豆類協会 https://www.mame.or.jp/Portals/0/resources/pdf_z/088/MJ088-01B-WD.pdf

フォッサマグナミュージアム https://fmm.geo-itoigawa.com/event-learning/fmm_dr-naumann

りんご大学(青森りんごTS導入協議会) https://www.ringodaigaku.com/ringo_blog/blog/2019/04/16/4740.html

こんぶネット(一般社団法人 日本昆布協会) https://kombu.or.jp/power/shurui

滋賀県琵琶湖環境科学研究センター https://www.lberi.jp/app/webroot/iframe_dir/topics/aramashi.html

あくがれ蒸留所 https://www.akugare.jp/shochu-kyusyu-ooi

本書の執筆にあたって
ここに挙げた
書籍とウェブサイトを
参考にさせて
いただきました

著者紹介
地理おた部

現役の高校地理教師(四倉武士)、フリーランスの地理・歴史講師(瀧波一誠)、イラストレーター(ちまちり)によるユニット。生徒たちが地理の授業に興味を持ってくれるように、意外なネタを集めて解説を始めたことが活動のきっかけだった。世界の気候区分を擬人化した漫画「ケッペンちゃん」は地理マニア以外にもファンを拡大中。

Twitterアカウント
@geographybu

メンバーのブログ
http://keppentyan.livedoor.blog
https://itgeographia.com

ゼロから学《まな》びなおす 知《し》らないことだらけの日本地理《にほんちり》

2023年7月31日　第1版　第1刷発行

著　者　地理おた部

発行所　WAVE出版
〒102-0074　東京都千代田区九段南3-9-12　九段ニッカナビル2階
TEL 03-3261-3713 ／ FAX 03-3261-3823
振替 00100-7-366376
E-mail：info@wave-publishers.co.jp
http://www.wave-publishers.co.jp

印刷・製本　株式会社シナノパブリッシングプレス

NDC291　199p　21cm　ISBN978-4-86621-458-0